まえがき
新版に寄せて

本書の初版から今回の新版の出版までに、私たちは決して平たんではない道を歩いてきたように感じています。一つは二〇一一年三月一一日に起きた東日本大震災である。そこでは被害が大きかった東北地方の三県、福島、宮城、岩手の一つ、宮城県仙台市にある、周りからは基幹とも呼ばれる地域の真ん中にある国立大学の研究室を経営する者として、私たちには、被災者への有効な心理的な支援と地域のリード役を求められたことである。質的にも量的にも、そして早急にでも、である。当初、ＰＴＳＤへの対処方法がその中心になるのかと迷ったものである。ＰＴＳＤについては、震災当時、それこそ認知行動療法の曝露法のみが有効とされるような私たちの「業界」の状況があった。しかし実際はＰＴＳＤについて、災害後の時期についても、また出現する量についても、それは違ったというのが印象である。

私たちは個人療法を越えて家族という枠組みで災害後の心理的支援に臨み、部分的であるかもしれないが、たぶん「成功」を見てきている。ＰＴＳＤと並ばせてＰＴＧつまり災害後の心理的成長という概念の有効性も知った。ポスト・トラウマティック・グロウス（Post Traumatic Growth）と呼ばれる。

初版から今回の新版までの間のもう一つの大きな変化は、本書のそもそもの方法であるブリーフセラピー／短期療法を生み出した第一世代の多くが、鬼籍に入られたことである。ジョン・ウィークランド（John H. Weakland）、ポール・ワツラウィック（Paul Watzlawick）、そしてブリーフセラピーの命名者リチャード・フィッシュ（Richard Fisch）博士もである。さらに彼らに学び、ブリーフセラピーを世界に向け展開し「解決志向短期療法」として発展させたスティーブ・ドシェーザー（Steve de Shazer）とインスー・キム・バーグ（Insoo Kim Berg）も亡くなってしまった。

彼らを失って筆者らは、今後の方向を迷ったものだ。それを探るために行ったことの中で、彼らの後継者、それもとびきりと目される後継者を日本へ招待し時間を、比較的、惜しまなくていい環境で教えを乞うたこともある。

一人は、ブリーフセラピーが生まれたＭＲＩブリーフセラピー・センターの現在のディレクターであるカリーン・シュランガー（Karin Schlanger）である。彼女は長谷川とＭＲＩで机を並べ、それを学んだ仲で、インスー・キム・バーグとも親しい関係にあり、後にＳＦＡと称される解決志向派の世界的な台頭を、いい意味でよく議論したものである。彼女はまだまだ元気である。

もう一人は、ヘザー・フィスク（Heather Fiske）である。カリーンと同世代で、現在の解決志向ブリーフセラピーのセラピストを代表する一人である。ＳＦＡのやさしいタッチの初心者向けのアプローチを見せてくれた。

その結果として小さくはないものを得させていただと思っている。今日のブリーフセラピーでいうMRIとSFA、二つの派。とくに後者は前者からの自立と差異を強調する余り、「両者ともに、浅くなって対立している」感じを与える。一方、日本のわれわれは、両者の出自であるシステム論とブリーフの哲学に向かうことで、歴史を踏まえた上でブリーフセラピーを少しは深めていることを確認したと言えば言い過ぎだろうか。カリーンにも、ヘザーにも、いずれも実際のクライエントを得てのライブ・セッションで体験できた。

少なくない参加者で確認したことがある。その一つは日本の私たちが展開したとして、インスーとスティーブが評価してくれた、いじめ自死への対策「ソリューション・バンク」に見られる、家族という最小社会単位から少し拡大した、さらに大きな社会単位での、その展開が、ブリーフの原理に則したもので、決して、かの地の後継者たちに引けを取るものではないということである。非言語を多用した介入も同じである。それらの独自性がとてもよく見えるようになった。両者ともにインスーとイヴォンヌ（Yvonne Dolan）がまとめ、米国で刊行された著書に紹介されているが、原理を受け継いだ上での、その独自性が見えてきた。これらは一九七八年、ミルウォーキーにまだ開業して間もない、BFTC／ブリーフ・ファミリーセラピー・センターの、まだ無名といっても、たぶん、言い過ぎとは言えないであろう中でスティーブとインスーを東北大学で開催された一九八六年の第三回日本家族心理学会へ、初めて招聘した際に見せてもらい、その後のインスーによる継続した日本での研修を経て出てきたものである。

それからもう一つ、日本のわれわれとしては、さらに大きなものがある。私たちが、「ルール」と「例外」という最も重要なブリーフの、この二点を繋ぐべく、関連の学会でＭＲＩとＳＦＡの後継者をスカイプを通じて、日本ブリーフセラピー協会学術会議で二年にわたり、握手をしてもらったことである。

さて、この新版で紹介する、現在のところ、われわれの最も重要なブリーフの展開の一つは、解決への「スリー・ステップス・モデル」である。それは、偶然ではあるが、上記の「握手」のシンボルの一つにも見える。詳細は本文に譲りたいが、これは、ブリーフの原理のラディカルな理解から生まれたものである。筆者らは、ブリーフの精神に立ち返ることで、このモデルを得ている。当然まだまだ、その限度や一般性を確認していこうとしているものである。ご意見をお聞かせいただきたいとも思っている。

東北大学名誉教授　長谷川啓三

目次

本文挿画＝松尾由堂

新版　よくわかる！短期療法ガイドブック

第一章

短期療法（ブリーフセラピー）とは

ミルトン・エリクソン（Milton H. Erickson）。この卓越した臨床家が存在しなかったら、短期療法の誕生はなかったかもしれません。グレゴリー・ベイトソン（Gregory Bateson）の研究グループのメンバーであったジェイ・ヘイリー（Jay Haley）やジョン・ウィークランド（John H. Weakland）らがエリクソンと交流した一つの結果として、短期療法が誕生しました。ベイトソンの研究グループが研究を終えて、解散したのち、家族療法のメッカとも言われるMental Research Institute（以下、MRI）がドン・ジャクソン（Don D. Jackson）によって一九五九年に設立されました。その数年後に、MRI内でブリーフ・セラピー・プロジェクトが開始され、一九六六年から一九六七年の間に、ブリーフ・セラピー・センターが開設されたのです。初代のディレクターがリチャード・フィッシュ（Richard Fisch）でした。

さて、当時の米国における心理療法が精神分析を中心としたものである中、エリクソンは精神分析の枠組みを無視した独創的治療を展開しました。彼の卓越した方法は体系化されておらず、自らの心理療法をモデル化しませんでした。モデル化してしまうと、セラピストたちはそのモデルに拘束されて、心理療法を行う傾向にあるため、あえてモデル化を控えたのではないかと推察します。心理療法はプラグマティックであることが大切です。常にそれはクライエント・ファースト（クライエント中心というと、他の心理療法と誤解されるため、こう表現しました）であることが望まれ、専門家が作り出したモデルに無理やり押し込めることを危惧したのではないでしょうか。

しかしながら、そのような中でも、彼の独創的方法には特徴があります。**その特徴の中心は、セラピストがクライエントに変化を促す際に、症状や問題を利用するという姿勢でした。**エリクソンは論文の中で、「患者それぞれの特有の要求を達成するために、その症状を意図的に利用するという方法」を紹介しています（Erickson, 1954）。特有の要求は個人的なものと、面接場面によるものと、両方が考えられ、それらが利用されていきます。問題や症状によってクライエントの生活は障碍されているかもしれないですが、その一方で、むしろそれに救われているという現実があるかもしれない、と考えます。

短期療法の鍵は、「患者が自らの要求を自ら達成するために、彼らが治療場面へ持ち込んだものを利用すること」である、と述べています。こうした考えに基づくセラピストは逆説的（Paradoxical）な姿勢を有しているともいえますし、また、症状や問題を受け入れる（真の意味での受容的な）**姿勢**

を有しているということもできます。ここで一つ私（以下、本書における「私」は第一筆者を指す）のケースを紹介しましょう。

1【事例1】窓に亡霊を見る女性

精神科に通う自殺企図を持つ女性が娘とともに、私のもとに来談しました。離婚調停を終えてすぐ、裁判所の部屋の窓から飛び降りようとしたことに驚いた弁護士からの紹介でした。面接場面では、離婚に向けての夫の理不尽な言い分とそのやり方に、生きる意味を失っていることを語りました。そして、感情が高まったそのとき、窓を指さし、「息子が呼びに来た！　ほら、来てるよ」と。この息子は小さい頃に亡くなっているのです。窓を一瞥した後、娘は「いない！　来てない！」と母親の肩をバンバン叩きました。「いる、来てる！」「いない、来てない！」のやりとりが二、三回繰り返されました。私は椅子から腰を数ミリ上げて、その状況を見守るようにしていました。母親が立ち上がろうとしたその瞬間、私は「息子さんが来ているように感じる！」と言いました。窓の方に向かおうとした母親、その母の腕を抑える娘は、私の方を振り返り、座りなおしました。「しかし……息子さんはあの世にお母様を呼んでいるのではなく、この理不尽な状況で、お母さんは間違っていない、頑張れと励ましているように伝えているようです」と私は話しました。私はこの女性の述べる息子の存在を受け入れていました。当然ですが、娘はそれを正しく否定していました。私は、それを受け入れた上で、息子が伝えるメッセージの内容を変更したのです。

この面接で私が上記のコメントをした後、亡くなった息子はいっさい（二度と）現れることはありませんでした。そして、母親は自らの（精神の）病気と自らに降りかかった（離婚に関する）問題で、娘に迷惑をかけることを危惧していることを冷静に話しはじめたのです。

心理療法におけるセラピストのウエポンは、他ならぬ言葉だということです。もう少しリアルに言うと、広義の意味での言語ということです。誰もが会話で使用する言葉とパラ言語（表情や口調など）が唯一のウエポンなのです。

では、心理療法は日常会話と同じことをすればいいのでしょうか？　誰でもできるのでしょうか？と問われたら、また難しいことになってきます。まあ妥当な答えはこうでしょう。ピストルを使用するにしても刑事と不動産屋ならば、刑事の方が使い方がうまいように、心理療法における言語の使用も使い方に違いがあるわけです。つまり、心理療法は日常の会話と同様な言語を用いますが、その使用方法が特殊であり、その特殊性を学ぶトレーニングを受けることが心理療法を行う人には最低限必要であろうということです。しかし、その特殊性が効果的でなくてはいけません。効果的でなければセラピーとは言えないからです。

私は本書でこのウエポン＝言語の使い方を第一に考えます。そして、短期療法というウエポンの使い方が効果という点で学ぶべき価値のあるものかどうかを考えてみる必要があるでしょう。

2 フォローアップから

　この本を書こうと思ったとき、ふと私が関わったケースについて「今、何してるんだろう？」と気にかかり始めました。『短期療法ガイドブック』という本を書くのに、その効果が疑わしいのであれば短期療法などにはおさらばし、森田療法ガイドブックとか、精神分析ガイドブックとか、来談者中心療法ガイドブックとか、フォーカシングガイドブックとか、行動療法ガイドブックとか、認知療法ガイドブックとか、論理療法ガイドブックとかにタイトルを換えることを考えなくてはいけませんから、さっそく電話で連絡をしてみることにしました。

　約一年前に終結した和幸君は不登校の中学生でした。中学卒業後、高校に入学し、毎日遠い道のりを自転車に乗り通っていると言う。それなりにやっているようです。生活の満足について一〇〇点満点で尋ねたところ、和幸君は九〇点と答えました。最初に電話を取った母親の声、そして、和幸君自身の声は明るいものであり、現在、取り立てて問題といえることはないということでした。

　三年以上前に終結した次郎君は脱毛に悩んでおり、終結時には劇的な物理的変化を示した（つまり、髪の毛が生えた!!）青年です。電話には母親が出ました。彼の髪の毛の状態は維持されており、終結後も問題はなかったといいます。現在、就職してそれなりに楽しくやっているようです。母親は、知人の子どもに脱毛の者がおり、何とか私にみてもらえないかと相談してきました。私はセラピーが上手くいった証だと思いました。しかし、ここからは新幹線で四時間もかかるので、他の機関を紹介できることをお伝えし電話を置きました。

次々項「短期療法のパラダイム」で詳しく説明しますが、短期療法というのは病理や問題というものを、個人を取り巻く環境（もちろん家族や友人などの他者を中心とした環境）との相互作用の中で捉え、その相互作用の変化を促すことを目的とします。個人の過去を探るという方法は一般的に用いません。個人の過去を探り、発達途上で満たされてこなかった欲求を治療関係の中で満たしていくというような考え方は短期療法ではふつうしませんから、必然的に短期療法への批判は、「それは単なる対症療法に過ぎない」「根本的な解決になっていない」というものが多くなります。しかし、和幸君とその母親、そして次郎君の母親との電話から、どうやらそうでもなさそうです。

私はこの約二四年の間、病院を含むさまざまな機関で、多くのケースを扱ってきました。その中身は多岐にわたります。不登校・ひきこもり、家庭内暴力、神経症、うつ、摂食障害、心気症、統合失調症、虐待、喪失とＰＴＳＤなどさまざまです。また、専門家に対してコンサルテーションをしてきました。それらは全て、個人療法セッティングの短期療法、あるいは、家族療法セッティングの短期療法を基本にして行われました。個人療法セッティングの短期療法とは、ＩＰ（患者とみなされた人）あるいは、問題を訴えるＣＬ（クライエント）のみが来談し、その個人を通じてその個人を取り巻く対人システムの変化を狙うものです。一方で、家族療法セッティングの短期療法とは、ＩＰあるいは問題を訴えるＣＬを取り巻く家族成員の一部、あるいは、全員が治療場面に参加し、家族を含めた対人システムの変化を狙うものです。ちょっと事例を見ながら説明しましょう。

❸【事例２】足が震える少女

ここで一つ家族療法（母－子合同面接）セッティングの短期療法の事例を紹介したいと思います。面接には母親に伴われ解離性健忘と診断された一四歳の娘が来談しました。この娘のことをＩＰと呼びます。ＩＰというのはIdentified Patient（患者と見なされた人）という意味です。短期療法や家族療法では、Patient（患者）という言い方はしません。患者という言葉は、その個人が病気であるという、全てが個人に還元されたものの見方であるからです。

このＩＰは、面接場面で足が震えてしまうのです。それもかなり激しく。ＩＰは足の震えを止めようと努力します。両膝をくっつけてみたり、手で押さえてみたり。しかし、震えはエスカレートするばかりです。母親もまた、このＩＰの足の震えを問題として捉えていましたので、ＩＰの膝の上に手を置きました。すると、ＩＰの足の震えはますますエスカレートしていきました。あなたならどうしますか？

私は、このＩＰに足を一五秒なるべく速くバタバタさせるよう指示し、一五秒を時計で測った後、「はい一五秒、もうやめていいよ！」と声をかけました。すると、ＩＰの足の震えは止まっていたのです。

この事例は短期療法の理論と実践を学ぶには、よい事例だと思いますので、後に（四七頁）再び取り上げたいと思います。ここで何が起こっているのかを解説する前に、短期療法についてもう少し詳しく知る必要があります。そこで、次に、短期療法のパラダイムについて述べることにします。

4 短期療法のパラダイム

短期療法は精神科や心療内科領域において、一般的に用いられる簡易精神療法（Brief psycho-therapy）とは全く違うものです。また、最近、短期療法という名称は、臨床心理士やカウンセラーの間では、解決志向アプローチ（Solution Focused Approach）と同義に使われている向きもありますが、元々、その名称の発生は、アメリカ西海岸パロ・アルトにあるMental Research Institute（略称、ＭＲＩ）内に、一九六七年に併設された短期療法センター（Brief Therapy Center）から始まったものです。ＭＲＩ短期療法では、文化人類学者グレゴリー・ベイトソン（Gregory Bateson）を筆頭に展開されたサイバネティクス［注1］やシステム論［注2］を導入したコミュニケーション理論をその理論的よりどころとしています。そうしたことからＭＲＩ短期療法はコミュニケーション派家族療法とも呼ばれています。

短期療法を実践するにあたり、最初にその理論的背景と枠組みについて知ることが必要です。それは、精神分析や一般心理学のパラダイム（用語法）とは全く異なるパラダイムを使用しているからです。パラダイムの相違は観点の相違を意味します。現象を捉える切り口が違うわけです。そこで、以下では、短期療法の観点について述べていきたいと思います。

〔1〕ベイトソンの貢献――力と衝撃の世界から情報の世界へ

ベイトソンはもともと文化人類学者であり、常に事象と事象の関係というものに着目してさまざまな研究を進めていました。その後、二〇世紀最大の認識論者と言われるようになりました。短期／家族療法においても理論的父として必ず挙げられる人物となっています。ベイトソンの貢献としては、二重拘束理論（double bind theory）が有名ですが、その最大の貢献は「力と衝撃の世界」から「情報の世界」への認識論の移行とパラダイムの変換にあります。一九六〇年代になって、ベイトソンはユング派のあるセラピストからユングの著作『死者への七つの語らい（Seven Sermons to the Dead)』を受け取り、思索をますます深めていきます。彼は、ユングがその本の中で使用していた用語に関心を寄せました。それはプレローマとクレアトゥーラという用語です。①プレローマとは、力と衝撃によってのみ支配される粗野な物理的領域であり、②クレアトゥーラとは、対比や差異によって支配される領域です。さらにベイトソンは次のように述べています。

〝わたしは、説明の本質が〈情報〉ないし〈比較〉にあるようなところにはかならず精神過程があるとみる。情報とは「差異を生む差異」として定義できる。末端感覚器官はひとつの比較器、つまり差異に反応する装置である。もちろん、末端感覚器官そのものは物理的存在だが、この差異への反応能力をもって、われわれはその機能を「心的・精神的」だととらえることにする。同様に、このページ上のインクは物質的なものだが、インクはわたしの思考ではない。もっとも基本的なレベルで考えても、インク自体は信号でもメッセージでもない。紙とインクのあいだにある差異こそが信号なのだ。〟（Bateson & Bateson, 1987, p.37)

生命か非生命か、あるいはそこに精神過程があるか否かは、情報（差異に反応するか否か）によって決定されると彼は考えました。石は力や衝撃に反応するが、情報には反応しないことは明らかです。一方、精神過程がある人間は――ベイトソンのたとえを補足すれば――紙に書かれたいささか複雑な線のかたまりを「文字」として認識し、その文字と文字の差異を認知し、そこにある情報を読み取り、反応するのです。

しかし、これまで心理学の長きにわたり、生命あるいは精神過程というクレアトゥーラ的世界の現象をプレローマ的世界を説明する物理学概念によって説明するということが行われてきました。例えば、精神分析理論では欲求を満たされることを性的エネルギーの開放として捉えることになりますし、また、集団心理学研究においては集団行動を集団力学という用語で捉えることになります。集団力学では各成員間の関係を力というもので表現するのです。しかしながら、短期療法ではエネルギーや力という用語や概念を使いません。それは関係というものを定義したり、精神というものを説明、予測するには不充分な用語であるからです。

例えば、Aさんが石を蹴っとばす。その後の石の位置や状態は、力や衝撃という物理学概念によって予測可能です。一方、Aさんが犬を蹴っとばす。その後の犬の行動は、物理学的概念では予測不可能です。犬は怒るかもしれないし、脅えるかもしれません。Aさんと犬との関係によって結果は変わるのです。この関係こそが「情報」です。つまり、生命現象の予測には、情報という枠組による説明が必要不可欠なものである、という考え方をベイトソンはもたらしたのです。

〔2〕パロ・アルトグループの視点――モナド（個人）からダイアド（関係）へ

これまで人間を探求する学問としての心理学は、S－O－R理論でいうOをブラックボックスとして複雑な心的装置を仮定し探索してきたという歴史があります。S－O－R理論は、ハル、トールマン、スキナーらによって新行動主義として提唱されました。彼らは、刺激（S）に対する反応（R）の個体差（O）を考慮し、S－O－R理論を提唱したわけです。そして、このO＝個体差を、ブラックボックスとすることによって、複雑な心的装置を仮定する心理学が主流となりました。

ところが、個人と個人の間の交流に目を移すと、ブラックボックスとされたものが要素の一つとなり、ブラックボックスがブラックボックスでなくなり、即座に消失することになるのです。MRIのポール・ワツラウィックらはブラックボックスについて次のように指摘しています。

〝この知識（ブラックボックスについての知識）は、その装置自体が一部分であるようなより大きなシステムの中では、その装置の機能を探求するのに必須ではない。〟（Watzlawick et al., 1967）

この枠組が心理学や精神分析に導入されれば、ブラックボックスを推測する必要性は取り払われ、観察可能なコミュニケーションに焦点を当てたアプローチが必要とされることになると彼らは考えました。つまり、短期療法や家族療法は、単に個人の問題を家族の問題に置き換える作業をしてきたのではなく、**個人から家族にその分析単位を変えることで、人間を探求する学問におけるパラダイム変換を行った**わけです。そうしたことから、システム理論とコインの表裏である情報、すなわちコミュニケーションの研究と理論が短期／家族療法の理論的確証と技法的発展に重要な意味を持つことになったのです。

以上のように短期療法では、一般的な心理学や精神分析のように、個人内の複雑な心的装置を仮定したり、推測したりという視点を取らないわけです。その一方で、重要となってくるのがコミュニケーション理論とコミュニケーション研究です。家族成員がお互いにどのように影響を与えあっているかを知り、また、セラピストが人の相談を受けるとき、何を、どう訊ねるのがベターかを知る――ひらたく言えば、そういうことになります。しかし、こうしたことが、後々の臨床実践に役立つことは意外に知られていません。ちょっと難しいですが頭を楽にして下さい。さて、そこで第二章では短期／家族療法を理解するために、コミュニケーション理論について記述したいと思います。

◉注

［1］**サイバネティクス**――サイバネティクスとは、ウィーナー（Wiener）によって提示された機械および精神システムにおけるフィードバック制御と通信の学問です。サイバネティクスの語

源は古代ギリシャ語の「操舵手」を意味する言葉であり、サイバネティクスのそもそもの成り立ちは、砲弾の着弾地点と目標のズレを計測し、このズレが最小となるように修正を施し、いかに正確に目的地点に着弾させるか、ということがその出発点であったそうです。現在では、このサイバネティクス・モデルは、オートメーションやコンピューター技術の理論的基礎を成しています。例えば、サーモスタットは温度を感知して調節する装置で、サイバネティクスの原則に基づいて作動するシステムです。温度についての情報に従って電気リレーの開閉を決定し、これが熱源を制御するというものです。自らの働きかけによって得た結果を感知し、ある定められた基準からのズレ、逸脱の程度を評価し、修正を加えるか、加えるならいずれの方向にかという判断を行い、その誤差を常に最小にするように働くメカニズムを意味します。サイバネティクス理論は、現象を構成要素に還元したもの、つまり、切り離された一つ一つの構成要素を分析の対象とはせず、一つのシステムとしてその相互関係の位相から捉えようとするのです。言い換えると、ある一つの現象を支える相互作用は、一方通行的因果律としてではなく、システム全体がある循環性を持った回路であるとして捉えるというものと言うことができるでしょう。

［2］**システム理論**――システム理論は、フォン・ベルタランフィー（von Bertalanffy）の一般システム理論に始まり、プリコジーヌ（Prigogine）のカオス理論や、マトゥラナら（Maturana & Varela）のオートポイエーシス（自己創出システム）、清水の生命関係論などに至っています。私の理解では、自己組織性が有機的システム、つまり、生命システムの前提となります。生命、あるいは有機的システムは常に作動し続け、自己生成していくと同時に、グローバルな安定構造を自己組織化していきます。すなわち、散逸的自己組織化を示す散逸構造にあるわけです。有機的システムは自己組織化を常に目指し、その結果、外界の変化に対して、グローバルな構造

自体を変化する必要に迫られることになります。ここにゆらぎの自己強化による新構造への変化があると考えられるでしょう。

システムにおける構成要素、例えば、対人システムにおいては、コミュニケーションということになりますが、この構成要素としてのコミュニケーションを行っている個人は、このシステムを内側から記述することになります。内側からは、ダイアディック（二者関係的）な情報交換は見えてきません。全てその個人の意識システムに閉ざされるものとなります。

意味というものは言葉とコンテクスト（文脈）によって生成されます。会話において、意味は常に生成されていきますが、コンテクストは意味の生成に対してある程度において安定した構造を持ちます。コンテクストに常に関わる記憶は、自己のある程度における安定性として重要な機能と言えるでしょう。

第二章

短期／家族療法を理解するために

学問として「コミュニケーション」を最も初期に扱ったのは、古代ギリシャの哲人アリストテレスであるとされ、彼の「修辞学」にまでその起源をさかのぼることができると言われています。これは民主主義政治において大衆をいかに説得するかということに関するものでした。そして、心理学において、コミュニケーション研究に光の矢が当てられる契機となったのが、ダーウィンの進化論および第二次世界大戦です。ダーウィンの進化論の影響を受けたのは、主に生物学的知見に注目する比較行動学者達です。そして、第二次世界大戦中のナチスのプロパガンダ（宣伝）に着目したアメリカの社会心理学者達に、戦後、説得的コミュニケーションの問題に関わりをもたせることとなりました。

ダーウィンの影響を受けた比較行動学的研究では言葉によるコミュニケーションを思考として、言葉によらないコミュニケーションを感情の表出として捉え、また、説得研究に見られるようなコミュニケーション研究では、完全に意図され達成される行為としてコミュニケーションを扱ってきました。人類学的研究では、集団のつながりという社会的視点が導入されている一方で、システムという概念が導入されていないことに気付きます。では、人類学者ベイトソンに始まるサイバネティクスの認識論やシステム理論を取り入れて構築された対人コミュニケーションの理論とはどのようなものなのでしょうか？　このコミュニケーション理論は、短期／家族療法の発生、発展、そして理論化に絶大な貢献を果たしました。短期療法家や家族療法家の間ではこの対人コミュニケーションの知見を一般的にコミュニケーション理論、あるいはＭＲＩコミュニケーション理論と呼んでいます。「コミュニケーション理論」の一般的な特徴は次のようにまとめることができます。

コミュニケーションとは全ての行動がなり得るものである
コミュニケーションには常に命令的機能が内在する
コミュニケーションは人の行動に制限という形で影響を与える
コミュニケーションは論理階型の理解によって整然とする

これらの特徴について説明しましょう。

1 コミュニケーションとは全ての行動がなり得るものである

先述したようにアリストテレスを含む古代ギリシャの「修辞学」以来、コミュニケーションというものは、大衆をいかに効果的に説得するかということに焦点が当てられ研究されてきました。つまり、送り手によって前もって意図され計画的に作られた意図が、受け手に的確に伝わり説得されるものとしてコミュニケーションを捉える立場が主流でした。一九五〇年代の情報理論［注1］においては、コミュニケーションは共有されたコードの使用によって情報を供給するものとして、より広義に定義付けられました。このアプローチはコミュニケーションを大衆説得から解放し、コード化されたものを送り手が伝達し、受け手がそれを解読するという考え方をコミュニケーション研究に取り入れることとなりました。しかし、このアプローチもまた、明確、かつ、論理的な、故意によってなされる、形式化された、符号化過程として、あるいは、相互理解の達成と成功を導く、意識的で、意図的な、熟考された行為として、コミュニケーションを捉える立場を発展させることになりました。その後、一九六七年にＭＲＩのウィークランドは「意図的に、なるべきようにコミュニケーションが成立しなくとも、人と人との間では必然的にコミュニケーションは生じるものである」(Weakland, 1967) と、コミュニケーション概念の拡張を提案しました。

こうした歴史的背景の中で、ウィークランドのコミュニケーションに対する考え方、および、ベイトソンのコミュニケーション研究に関する知見を取り入れて、ＭＲＩのワツラウィックら

表2-1　コミュニケーションに関する一般的公理

第一公理：	人はコミュニケーションしない訳にはいかない。（下位公理として）全ての行動はコミュニケーションである。
第二公理：	全てのコミュニケーションは内容と関係の側面を持ち、後者は前者をクラス化／枠付ける、メタ・コミュニケーショナルな機能を持つ。
第三公理：	関係がどういう性質を持つかはコミュニケーションに参加する人のコミュニケーションの流れの区切り方／パンクチュエーションを条件とする。
第四公理：	人類はデジタルにもアナロジカルにもコミュニケートする。デジタル言語は複雑で高度の文法構造を有するが、関係レベルでの意味論を欠く。一方、アナログ言語は意味論は有するが、関係を明確に規定する文法を欠く。
第五公理：	全てのコミュニケーションは相補性に基づくか相称性に基づくかで、相補的なコミュニケーションを営むか相称的なそれかのどちらかになる。

(Watzlawick, Bavelas & Jackson) によって家族療法の記念碑的理論書がまとめられました。それが一九六七年に出版された『人間コミュニケーションの語用論』(Pragmatics of Human Communication) です。この著作は、コミュニケーションの実践的分析を展開している対人コミュニケーションに関する最も影響力のある文献の一つとも言われていますが、その中ではいくつかのコミュニケーションに関する一般的公理が提示されています（表2－1）。

『人間コミュニケーションの語用論』の第一公理に見られるように、短期／家族療法におけるコミュニケーション理論では、全ての行動がコミュニケーションになり得るという見方を取ります。言葉だけでなく非言語行動、そして、症状をもコミュニケー

図2-1　絶対絶命のクイズ

ションになり得ると考えるわけです。

　ここで簡単な実験によって証明したいと思います。図2－1を見てください。これはクイズです。まずこの状況を説明します。最初に自分の帽子の色が分かったものは、その場から看守に聞こえるように報告する必要があります。最初に正答したもののみ生き残れ、他の三名は殺されるという状況です。もちろん、手にとって帽子の色を見てはだめだし、前以外を見ることは禁止です。彼らが持つ情報は自分たちの配置関係と二名が黒の帽子、二名が白の帽子ということだけです。さて、誰が確実に生き残れるのでしょうか？

　左から四番目の人が最も情報が多いことは明らかです。彼は前にいる二名の帽子の色が分かります。しかし、彼は自らの帽子の色が分かりません。もし、前の二名が同じ帽子の色なら、自らの帽子の色が分かったでしょうが、前の二名の帽子の色が違うので自らの帽子の色が分からないのです。だから、四番目の人は沈黙しています。すると三番目の人は、四番目の人の沈黙が情報になり、二番目の人と自分の帽子の色が違うことに気付きます。ゆえに、三番目の人は正解を答えることができるというわけです。

2 コミュニケーションには常に命令的機能が内在する

教室で先生が「今日は暑いなー」と言いました。すると、窓ぎわにいる生徒が窓を開けました。先生は「今日は暑い」という感想を述べただけであるにもかかわらず、窓ぎわの生徒は「窓を開ける」という行動をとったのです。これは、気の利いた生徒であったのかどうかは分かりませんが、単なる先生の報告（感想）が生徒の行動に命令（影響）を与えたということになるでしょう。

このように言葉や行動が他者の行動に影響を与えるという点を研究する分野をコミュニケーションの語用論的研究と呼びます。本来、語用論(pragmatics)とは、意味論(semantics)、統語論(syntax)と並ぶ言語学における概念の一つで、直示、推意、前提、発話行為、会話規則、などを分析する部門であり、ワツラウィックら（一九六七）によって人間におけるコミュニケーションの研究に取り入れられました。しかし、こうした分類は概念上明確に区分できても、実際には相互依存関係にあり、明確な区分は困難です。そのような困難さについて、ジョージは次のように指摘しています。

〝統語論は数学的論理であり、意味論は哲学または科学哲学であり、そして語用論は心理学であるということは多くの点で正しい。しかしこれらの分野は実際には全く別個のものとは言えない。〟(George, 1962)

生命システムや、何物かに精神過程を見いだすならば、個体内あるいは個体間の情報の流れに目を向ける必要があります。中でも情報の命令的側面は、生命、すなわち精神過程を生じさせるものそのものです。

3 コミュニケーションは人の行動に制限という形で影響を与える

比較行動学では、動物のコミュニケーション行動を対象にし、人間のコミュニケーションを探求してきました。動物の行動を即座に人間に応用することは困難です。比較行動学や生物学では、動物と人間を区分する試み、特にチンパンジーやゴリラとホモ・サピエンスを区分する決定的で明確なものを探求してきた結果、現在でも生物学的に明確な質的な差は見出せないままであるといいます。質的な差としては、「言葉」というものが持ち出されたり、「意識」というものが持ち出されたりしました。仮に意識というものが質的にとは言えなくとも、量的に差があると考えてみると、次のような考え方もまた興味深いものです。それは、人間という動物においては、自らに問題が生じたとき初めて意識を向ける、つまり、人間は常に問題に意識が向き、それを解決してきた結果、人間の「意識」が進化するに至ったという考え方です。いずれにしろ意識というものをともなう人間のコミュニケーションは複雑なものであり、また、人間のコミュニケーションの重要な側面である言語は、さらに複雑さを増すことになります。そうした複雑な側面を剥いだ、より本質的ともいえるコミュニケーションの性質を考えるうえで、動物のコミュニケーションの分析は価値あるものでしょう。ベイトソンもカワウソやイルカなど動物のコミュニケーションを観察し、自身のコミュニケーション研究を進めていったのです。こうした理由から、ここでは動物のコミュニケーションを例示しながらコミュニケーション理論が主張するコミュニケーションの限定効果について説明することにします。

ムツゴロウさんこと畑正憲氏によると、蛇に巻きつかれた際、うろこを逆撫でするとその締め付けが弛まる場合がある、と言います。ある時、「ムツゴロウとゆかいな仲間たち」という番組でムツゴロウさんがアナコンダ（南米に生息する大蛇）を首に巻きつけていました。すると、そのアナコンダがムツゴロウさんの首を締め付け始めたのです。しかし、ムツゴロウさんは余裕の表情で「いやぁ〜……うろこを逆撫ですると弛まる……」などと説明して、うろこを逆撫でしました。力や衝

撃を利用するなら、力ずくで引っぺがせばいいわけです。**しかし、ムツゴロウさんは情報を利用し、アナコンダの攻撃行動を制限しようとしたのです。**最終的に、その試みは失敗に終わり、ムツゴロウさんは最後に「いやぁ～……久しぶりに生命の危機を感じました」……。

私達がよく知る例として、犬どうしが闘争を避けるため、強い犬に対して弱い犬が腹部を示すことが知られていますが、この腹部を示すという行動によって攻撃行動は制限されるのです。このようなある一定の目に見えないルール、あるいは、しきたりがさまざまな動物行動には見られます。こうしたものを学ばず不適切な行動を示したとき、その個体は集団から追いやられることになります。動物にとって、集団から追いやられることは死を意味することかもしれません。人間においても、ある程度明示化した「制度」という形をとる場合もありますが、多くは暗示的、暗黙的な形で行動を規定する枠組が想定されています。例えば、文化というものは比較的暗示的であり無意識的に人の行動に制限を与えます。また、家族神話、家族ルールというものも、暗黙の形で家族成員間の行動に制限を与える何ものかなのでしょう。

ベイトソンはサイバネティクスの認識論をコミュニケーション研究に取り入れたため、彼に始まるコミュニケーション理論ではコミュニケーションの重要な性質として、制限、限定、あるいは拘束（restraint；bind）という概念を用います。例えば、これとは反対の直線的因果論的説明では「ビリヤード・ボールAがこれこれの角度でボールBに当った。ゆえにBはこれこれの方向に動いた」といった肯定的表現形が用いられますが、サイバネティクスによる説明では「なぜ、それらの代替的な経路を出来事が進んでいくことができなかったのか」といった否定的表現が用いられる、と言います（Bateson, 1972）。

拘束とは、「任意のメッセージはそれを受け取る者の反応を一義的には決定しないが、その選択幅を制限する」（長谷川、一九九一／一九九三）ことです。非言語を含む広義の意味での言葉は、命令的機能を内在するがゆえに、相手の次の行動を拘束することになるわけです。広義の言葉が他者の行動を拘束するというのは、他者の行動を決定することを意味してはいません。過去に精神科病院において、患者、とりわけ、暴力や自傷行動のある者に着せられた「拘束衣」をイメージすると、これが完璧に彼らの運動や行動の自由を奪うわけではないことがわかります。その拘束衣によって、ある一定範囲しか運動や行動ができないようにするわけです。すなわち、拘束とは一定の自由を奪うことです。例えば、ある人が「バカ」と言ったら、その受け手は「カーッ」とするかもしれませんが、決して踊りはしないでしょう（ここには大いに文脈が関係していますが）。「バカ」と言われる前、その受け手はどんな行動をしてもかまわなかったが、この「バカ」という言葉により行動の選択幅がせばめられた（「カーッ」とした）のです（長谷川、一九九一）。こうしたことから、若島（一九九八）は拘束を次のように説明し、定義しました。

〝例えば、オーダーする際にウエイトレスを呼ぶためのベルがあるレストランを想像して欲しい。何人かでそういうレストランに行くと決まって何にしようかなかなか決まらない人がいるものである。その時、そのグループの一人がウエイトレスを呼ぶベルを押す（あるいはベルを押したと思わせる）。するとその優柔不断な人は早急にオーダーを決めようとする。しかし、その人がステーキにするかサラダにするかは、ベルを押すことによって決定されることはない。決定は優柔不断なその人が決定するのである。つまり、セラピストはクライエントの反応をセレクトすることが可能である。しかし、その反応を決定することはできず、反応の決定はクライエント自身によってなされる、と解釈できる。**このセレクトが拘束するということである。**〟

コミュニケーションを相互作用システムとして捉えるならば、コミュニケーションとは相互拘束であるといえます。この相互拘束のタイプには、相称性（symmetrical）と相補性（complementary）が見られます。相称性とは類似性に基づく人間関係を意味し、相補性とは相違性に基づく人間関係を意味します。たとえるなら、ＳＭのＳ《サド》とＳ《サド》は相称的関係、Ｓ《サド》とＭ《マゾ》は相補的関係ということになります。また、能動的妻と受動的夫は相補的、能動的妻と能動的夫、受動的妻と受動的夫は相称的関係ということになります。この相称性と相補性という概念は、ベイトソンの文化人類学的著書『ナヴェン』（Naven）に起源を持ちます。「ナヴェン」とは、ニューギニアのイアトムル族の儀式、あるいは、儀式に由来する一群のジェスチャーです。

このようにコミュニケーションの命令的機能や拘束という性質は、関係のあり方に重要な役割を果たしています。さらに、ベイトソンの言及に続くことですが、人と人との関係に関するコントロールにはさまざまな身体言語（body language）が用いられています。例えば、胸を突き出す、顎をわずかに上げて相手を見据える、着座時に足を大きく開くなどは、支配的関係を作り上げると言われています（Scheflen & Scheflen, 1972）。

4 コミュニケーションは論理階型の理解によって整然とする

ベイトソン（一九七二）はコミュニケーションのモードや論理階型性（logical type）というものに言及しています。コミュニケーション・モードには、例として「遊び」「非遊び」「空想」「神聖」「比喩」などのモードが挙げられます。さて、ここで私の実家の番犬、「チビ太郎」の例を示したいと思います。

久しぶりにチビ太郎（ロットワイラー）に会うと、チビ太郎は走ってきて体当りし（体重約七〇キログラム）、「ハフ、ハフ」と口を開けて腕や足を口にくわえ、まとわりつく。腕はミミズ腫れになり、ズボンが破れる。これを犬の行動を知らない人は襲ってきたと勘違いするかもしれない。（実際に襲われていなかったのか、疑問でもあるが……。）

このように飼い主と犬が遊ぶとき、あるいは、犬どうしがじゃれあって遊ぶとき、闘争に非常に類似した行動が見られます。しかし、闘争には発展しません。ベイトソン（一九七二）によると、この行動を「遊び」として意味付けるシグナルが交換されている、と言います。「噛むぞ！」というよりも、より高次の論理階型に属している「本気じゃないよ！」というメッセージがあるわけです。

人間は言葉という便利なコミュニケーション方法を持つ一方で、そのメッセージや有意味な動作の枠付けとラベル付けが非常に複雑多岐であるため、それに対応し得る語彙を持っていません。また、高度に抽象的でこのうえなく重要な「ラベル」の伝達を人間はほとんど、姿勢、身振り、顔の表情、声の抑揚、文脈等の非言語的な媒体を用いて行っている、とベイトソンは述べています。

例えば、ある人が他の人に「バカ」と言ったとします。それを本来の「馬鹿」という言葉の意味どおり受け取るならば、受け手は怒る、あるいは少なくともいい気分はしないでしょう。しかし、人は言葉をただ辞書に書いてあるように文字どおりには受け取らないわけです。いたずらした生徒に先生が「バカ」と言う場合、生徒は「怒られた」と受け取るでしょうが、いいムードの中でカップルの一人（女性）が相手（男性）に「バカ」と言う場合では、それを「怒られた」とは受け取らないでしょう。

佐藤（一九九三）によると、人間はバーバルとしての言語を進化させた一方で、より古いキネシクス（身体言語）とパラ言語によるアナログ的なコミュニケーション方式を捨て去っていないうえ、むしろ言葉と絡むようにしてより精緻なものにしてきた、としています。すなわち、人は、文脈（context）の助けをかりて、モードを振り当てているのです。

ベイトソン（一九七二）はこのような視点から、統合失調症患者には次のような欠陥があるとしています。

①他人から受け取るメッセージに適切なコミュニケーション・モードを振り当てることが困難である。
②自分が発する言語的・非言語的メッセージに適切なコミュニケーション・モードを振り当てることが困難である。
③自分の思考、感覚、知覚に適切なコミュニケーション・モードを振り当てることが困難である。また、こうした障害は、二重拘束によりもたらされる。

ベイトソンによると、二重拘束とは「患者が経験する外的な出来事の連続がメッセージの整然とした論理階型化を阻止するというものであり、そうした解決のない経験のシークェンスそのもの」を意味しています。こうした二重拘束はある特殊なコミュニケーションの繰り返しの結果として生じると言われています（例えば、若島、一九九九や若島・生田・長谷川、一九九九を参照）。ベイトソンのコミュニケーションによる精神疾患へのアプローチは、今日までさまざまな批判を受けているけれども、その重要性は決して消えることはないのです（長谷川、一九八七）。

◉注

［1］情報理論――ベル・テレフォン研究所のシャノンら（Shannon & Weaver）は、コミュニケーションの数理理論を発展させ、情報という概念の量化を行いました。情報の計量単位をビット（bit）と言います。1ビットとは、可能性が等しい二つの選択肢を識別するのに必要な情報の量です。また、情報理論には冗長性とエントロピーという概念があります。冗長性とは、メッセージを構成している要素に繰り返しが見られることを示し、それはメッセージ伝達の確実性を増加するための処理です。例えば、話し言葉や書き言葉では、メッセージを伝達するためにどうしても必要な情報よりも、少なくとも五〇％の余計な情報をその中に含んでいると言われます。このような冗長度はコミュニケーションを明確にし、メッセージが受信者に通じることを保障することになります。この冗長度と逆のものがエントロピーです。エントロピーは情報システムにおける不確実性を示す量です。それがメッセージを歪め、受信者を混乱させることがあり、エントロピーが増大するに従がって、システムにおける個々の構成要素は独立性が高くなり、文脈や規則の持つ強制力は弱くなるのです。そして予測不可能なように変化する可能性が高くなるのです。

第三章
短期療法〝表裏のアプローチ〟

1 MRIアプローチとコミュニケーション理論

これまで述べてきたように、コミュニケーション行動の命令的機能は、常に「すべき」あるいは「すべきではない」という制限として働きます。これを限定効果と言います（下村、一九九三）。コミュニケーションは相互作用であるがゆえ、相互に制限し合い、拘束し合うわけです。つまり、相互拘束の結果として、コミュニケーションの連鎖、あるいは循環というものが構成されることになります。

この相互拘束の方向性は持続する関係にある人々、例えば、家族や職場、学級、仲間どうしにおいてはパターンとして固定化されていきます。家族であれば、家族成員間の暗黙の約束ごとである

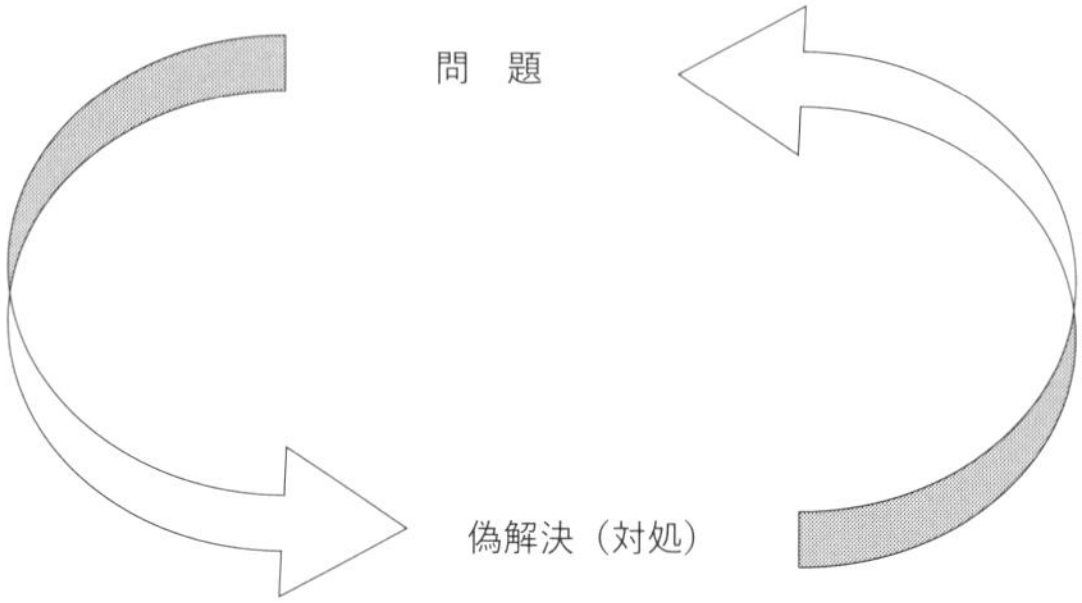

図3-1　問題－偽解決の“悪”循環

家族ルールが暗黙の前提として、このパターンを支えることとなり、いったん成立したルールを破ろうとする遠心的動きが生じると、それを復元・修正しようとする求心的コミュニケーションが生起します（佐藤、一九九三）。それは家族システムに働く自己制御性によるものです。このシステムの自己制御性とは、システムを常に安定化させるために働く、そのシステム自体が持つ機能を意味しています。

　ですから、あるシステムに問題が生起すると、その問題を解決しようとするシステムの自己制御機能が働き、対処行動が必然的に行われることになります。しかしながら、**問題が維持されるシステムにおいてはこの対処行動自体が、問題を支えるコミュニケーション循環となっている可能性がある**のです。すなわち、問題－偽解決循環の現象化です。問題－偽解決循環とは、問題に対する対処行動自体が問題を維持してしまっている悪循環を意味します。（図3－1）

　したがって、この問題－偽解決循環に亀裂を入れることがＭＲＩアプローチの臨床的介入となるわけです（長谷川、

一九八七／Weakland, 1992)。

有名な例に働き蟻の例があります。働き蟻は一列になって、餌を探して練り歩きます。後続する蟻は前の蟻のお尻から出ている物質の臭いを頼りに連なっているのですが、偶然、先頭の蟻が最後尾の蟻にくっついてしまったら悲惨です。円になって、堂々巡りがはじまるのです。相互拘束による悪循環的パターンのできあがりというわけです。このパターンを切るには、蟻が前の蟻のお尻から出ている物質を頼りにしなくなるか、第三者、例えば人間がこの蟻の円環の一部をどこでもよいから妨害すればいいのです。「先頭の蟻はどれだっけ？」というように**原因を探す必要はない**のです（小野直広先生の講演から引用）。

実際の心理臨床ではどうでしょうか？ 例えば、パニック障害を持つ夫が家族内で常に怒りを示していることで、家族から孤立しているという事例を考えてみましょう。そのことにより夫は一人になる機会が多く、不安状態が高まるという悪循環が見られます。

セラピストは夫にわざと怒るように指示し、妻には夫が怒りを演じているときを当ててもらうという課題を提示しました。夫は怒ろうとすると怒れなくなり、怒りが消失し、子ども達が話しかけてくるようになったと報告しました。これは、パラドックスという技法により、夫の怒りに対して、妻がそれを避けるという一種の悪循環を切断した事例です（第三章【事例3】）。このパラドックスについては一六六頁に詳しく取り上げたいと思います（第五章）。

2 個人内コミュニケーションと個人間コミュニケーション

第一章4〔2〕パロ・アルトグループの視点において述べましたが、MRI短期療法では、主に個人間コミュニケーションに重点が置かれてきました（なお、個人内循環については森田（一九六〇）が参考になる）。しかし、個人内の情報の流れを無視してきたわけではありません。

個人システムにおいても対人システムと同様に、システムに遠心的な動きが生じればシステムの性質である自己制御性が働きます。例えば、フェスティンガー（Festinger, 1957）の認知的不協和理論は個人システムの自己制御機能を示した理論の一つです。これは個人内の行動（認知要素）と行動（認知要素）に矛盾が生じたならば（すなわち、不協和が生じたならば）、その不協和を解消する形でその人は行動する、という理論です。もう少し専門的に説明すると、認知的不協和理論では、観念あるいは認知要素は、その要素の一方がある心理学的な意味において他方を必然的に包含するならば、相互に協和しているが、仮に一方が他方の反対を必然的に含むならば、相互に不協和であると考えます。例えば、喫煙者が喫煙が有害であるという知識を持つならば、その知識を受け入れることは不協和となります。この認知的不協和はその個人にとって要素の重要性やその要素が実際に葛藤する程度により（大小の違いがあるにせよ）緊張状態にあるわけです。この緊張は動機付けの力を持ち、個人は不協和の要素の重要性を心理的に低減させるか、協和を回復するために要素の一つを変化させることによって、不協和を低減するよう促される、というものです。喫煙者の例で言えば、タバコが有害であるという知識を「非喫煙者の陰謀である」とか、「統計学なんて信じない」とか、「長生きなんてしたくない」というふうに考えることで緊張を和らげるか、あるいは、禁煙するかです。

その他、対人システムと個人システムの安定を導く自己制御性を示したモデルとして、ハイダー（Heider）のPOXモデルや、ニューカム（Newcomb）のABXモデルなどがあります。

個人がある状況やある行動を問題として意識した場合、その個人は個人システムおよびその個人を含む対人システムの安定を導くよう自己制御機能を働かせることになります。しかし、この自己制御機能が問題を維持し、悪循環になる危険性もあるのです。

先述した第一章❸【事例2】の足が震える少女の事例をもう一度振り返ってみましょう。面接場面で足が震えてしまうIPとその母親のケースです。このIPは足の震えを止めようと、両膝をくっつけてみたり、手で押さえてみたりしていました。しかし、震えはエスカレートするばかりです。母親もまた、このIPの足の震えを問題として共有し、IPの膝の上に手を置きました。IPの足の

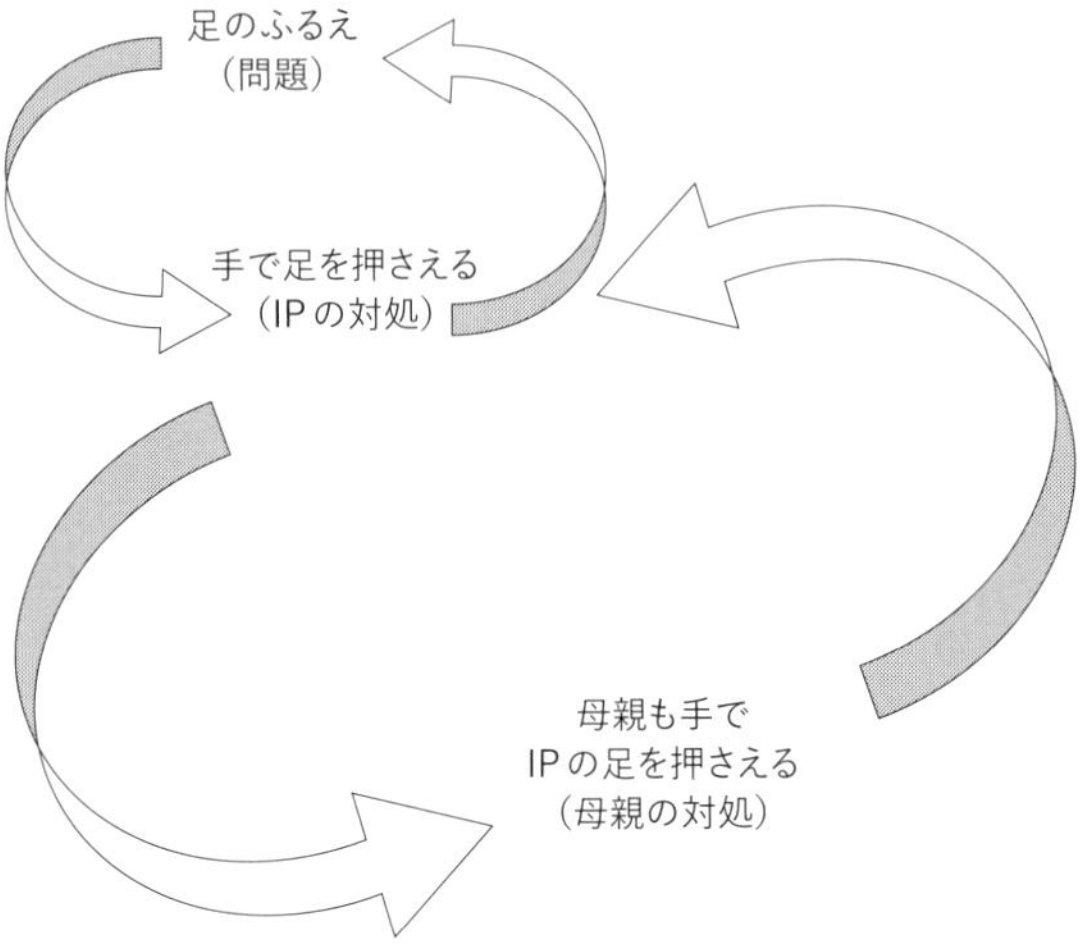

図3-2

震えはますますエスカレートしていきました。このＩＰと母親の対処行動はＩＰの個人システムを安定させることで、面接場面という対人システムを安定させるよう自己制御させる行動と考えられます。セラピストは、このＩＰに足を一五秒バタバタさせるよう指示し、一五秒を時計で測った後、「はい一五秒、もうやめていいよ！」と声をかけました。すると、足の震えは止まったわけです。セラピストの言葉がＩＰの対処行動に影響を与え、母親もセラピストを支持する形でその場に座っていました。このように個人システムの自己制御行動は、対人システムの自己制御行動と密接に関わっているのです（図３－２）。

3 BFTC短期療法——解決志向アプローチについて

ここで、ウィークランドと長年にわたり密接に議論を続けたド・シェイザーらBrief Family Therapy Center（略称、BFTC、ミルウォーキー派とも呼ばれる）の解決志向アプローチ（Solution Focused Approach）について解説することにします。解決志向アプローチの翻訳書や解説書はすでに多くありますので（例えば、de Shazer, 1985；1991；DeJong & Berg, 1998）、ここではそのエッセンスを述べるにとどめることにします。

短期療法におけるド・シェイザーの最大の貢献は、**問題には必ず例外が存在する**という観点を提示したことにあります。次の図を見て下さい（図3－3）。

図3-3

これは図と地の効果を示している有名な絵です。図と地は反転し、二人の顔が見えるか、花瓶が見えるかのいずれかになります。ベイトソンは情報は差異と比較であると述べていますが、いずれにせよ一方の図は他方の地の存在なくして、存在し得ないのです。「私が今不幸なのは以前不幸じゃないときがあったからである」というように、問題が生ずるところには必ず例外が存在するという考え方です。さらにド・シェイザーらは例外部分はすでに解決している部分という見方をしていきます。

すでに自ら経験している解決行動はその個人や集団の構造にフィットしていることから、解決した部分を拡張することで、必然的に問題部分を縮小していくド・シェイザーらのアプローチはソフトであり、セラピストにとっても利用しやすいものです。しかし、最近では、短期療法を解決志向アプローチと同義に扱い、クライエントに解決を話すよう強いるセラピストがいることから、解決強要アプローチと揶揄する人々がいることも忘れてはいけません。短期療法的観点では、元々、単一アプローチに制限されるような「あれか、これか」というような考え方はしないのです。「あれも、これも」なのです。

ド・シェイザーら（de Shazer, 1994）は、後に、ヴィトゲンシュタインの言語ゲーム理論を解決志向アプローチの説明に利用していますが、これまで記述してきたコミュニケーション理論の観点からは、ＢＦＴＣ短期療法とＭＲＩ短期療法を統合したモデルを提示することが可能です。そこで、便宜的にＢＦＴＣ短期療法を表、ＭＲＩ短期療法を裏と表現し、その統合モデルである表裏のアプローチを提示することにします。

4 短期療法の統合モデル――表裏のアプローチ

コミュニケーション理論を基礎にした短期療法の統合モデルをフローチャートで示したのが次の図です（図３－４）。

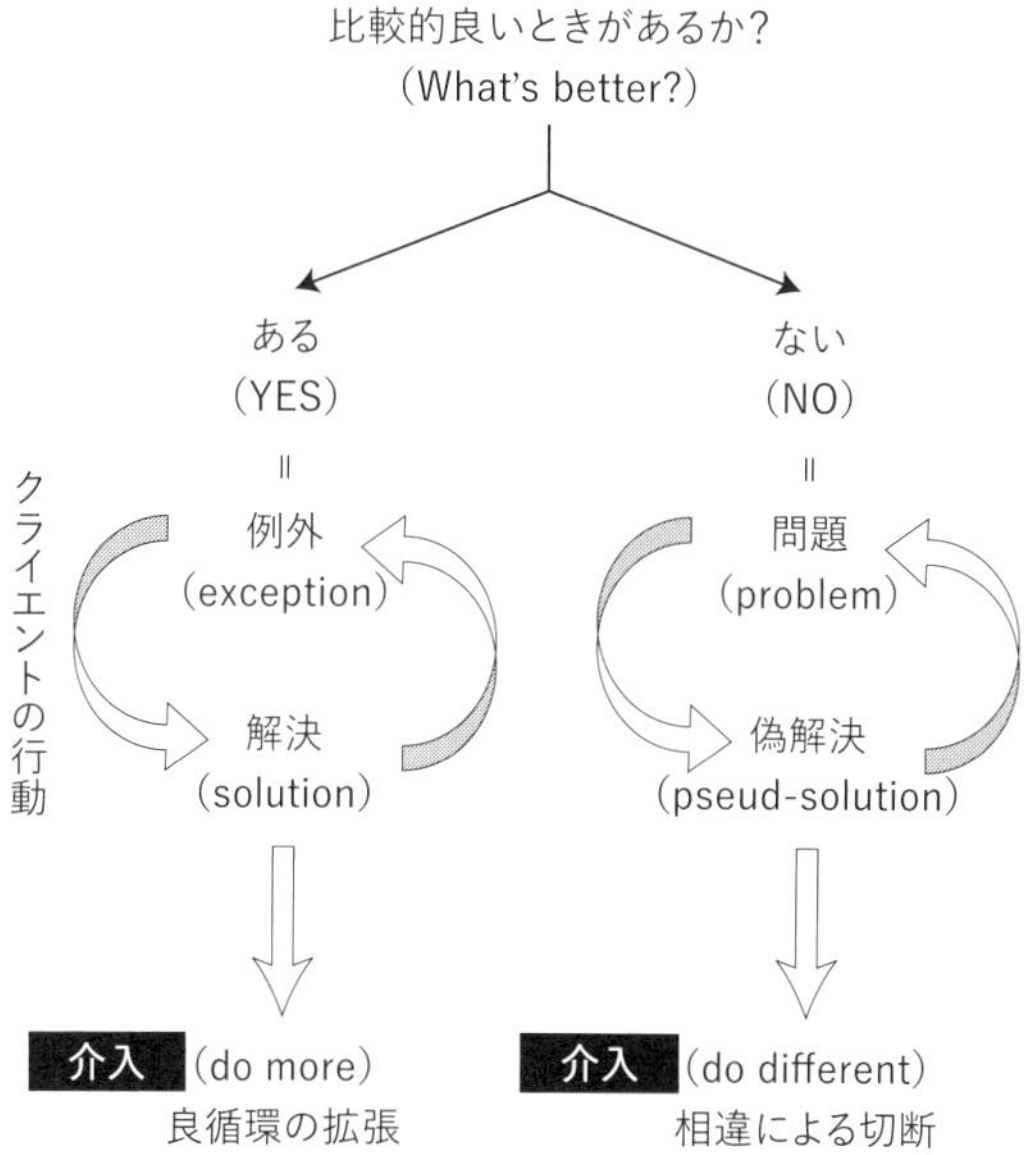

図3-4　短期療法の統合モデル　フローチャート（若島他、2000）

フローチャート図に示してある「比較的良いときがあるか？」は例外的行動パターンの探索から面接を始めることを意味します。また、コミュニケーション理論の視点における例外とは、例外的行動パターンを意味し、**問題維持パターンによる〝拘束からもれる拘束〟と定義できる**ものです（長谷川、一九九八）。繰り返しますが例外的行動パターンはすでにクライエントが行っている解決行動であり、そのクライエントの構造にフィットした行動でもあります。それゆえ、その例外的行動パターンを〝do more〟、すなわち、**拡張すればよい**ことになるのです。これが表のアプローチです。しかし、実践上、クライエントによっては例外的行動パターンを意識することができなかったり、探索できないこともあります。こうした場合、問題に対する対処行動、すなわち、偽解決的行動パターンを探索し、その行動パターンに〝do different〟**相違を与える介入**を行っていきます。別の言葉で言うと、**例外を構成**するということです。これが裏のアプローチです。

5 表裏のアプローチの事例

〈1〉【事例3】一三年間パニック発作に脅かされた係長——パニック障害の症例

ＩＰは大手メーカーに勤める四〇歳の係長であり、帰宅は毎日午後九時頃と遅く、朝は仕事が始まる三〇分前に職場へ向かうという生活です。家族は、ＩＰ、妻、ＩＰの両親、小学生の長女と長男の六人家族であり、全員同居しています。ＩＰはいわゆるモーレツ社員で、仕事ができるタイプです。しかし、家庭のことは妻まかせで、家に帰っても一人でコンピューターをいじっていることが多いのです。

一二～一三年前、結婚と前後して、動悸、めまい、頭に血がのぼるなどのパニック発作、および食物が飲み込めない、夕食は全く食べられない等の症状が出始め、Ｍ病院心療内科を受診。薬物療法に加え、入院絶食療法を受けるなどして三年間通院しました。その後、Ｋ病院を受診し、紹介により、Ｘ年七月一一日、当院を受診。Ｘ年七月から八月まで一カ月間入院し、退院後、外来通院となり、その後、自律訓練法を目的にＸ＋一年五月に入院しましたが、会社の事情からＩＰの希望で三週間後に退院し、退院後、外来で通院治療を受けていました。

ＩＰは他院で薬物中心の治療を受けていましたが、一向に回復せず、当院来院時もさほど期待をしていなかったようでした。新しい担当医は「受容、支持、保証」の姿勢で対応し、まずラポールをつけることに重点を置きながら前医の薬物の見直しを図りました。その後一二～一三年間症状が持続している慢性化した広場恐怖を伴うパニック障害（Panic disorder with agoraphobia）に対し、薬物療法だけでは限界があると判断し、Ａ－Ｔスプリット（administrative doctor-psychotherapist split）制を導入し、短期（家族）療法を実施。Ａ－Ｔスプリットとは専門的分割による治療的関わりを意味しています。具体的には担当医による薬物療法、セラピストによる心理療法という専門的独立による協力を行ったわけです。担当医の説明に患者は同意し、Ｘ＋一年一二月九日当院心理相談室に来院するに至りました。

●短期療法による面接

●第一回面接（X＋一年一二月九日）——患者の興味をひく

IPとの出会いは奇妙なものでした。IPは外来患者であり、パニック発作に対する薬をもらうことを目的に病院に来ていました。担当医である心療内科医の指示で、当院心理相談室を訪れましたが、セラピスト（以下、TH）に次のようなパラドクシカルな言葉を投げかけたのです。「もうこれ以上会社に迷惑をかけられないから、通院することは難しいです」と。IPは、一二〜一三年前からパニック発作が始まり、他の病院で入院絶食療法などを試みたこともあり、自らの症状について打ちのめされた様子でした。THは「分かりました。つまり、今日一回限りで治せばいいのですね？」と言葉を返しました。IPはこの言葉に強く反応し、笑いながら興味を持った表情を示しました。次に「**今後どのようになったら、今日ここに来て良かったなと思えますか？**」と尋ねます。この質問は初回面接で、私が**開始の質問**（詳細は七七頁）としてよく用いるものです。IPは「症状がなくなればいい……普通の人間として生きたい」と述べました。THが「普通の人間とはどういう意味なんですか？」と尋ねると、「休みの日に家族と旅行したり、子どもと遊んだり、前のように何にでも挑戦できるようになりたいです」と述べました。また、THが「症状がなくなったら、今と何が違いますか？」と質問すると、「たぶん家庭が明るくなりますね。……病気になってから、妻や子どもを怒るようになりました。すぐカッとなるんです」と答えました。さらにＴＨが仕事についてはどうかを尋ねると、「虚勢を張って生きてますから……気負いがなくなって仕事ができると思います」とのことでした。最も状態が悪かったのは一〇年前であるということなので、その頃を0として、理想の状態を10とすると、今はいくつぐらいかを尋ねると、「3」と答えます。1上がったら「夕飯が食べられるようになる」とし、ここで夕飯が食べられないことが明らかになりました。「**もし、寝ている間に奇跡が起きて問題が全て解決したら、あなたは次の日の朝、どのように気づきますか？**」という**奇跡の質問**（詳細は七六頁）に対しては、「家でへらへら妻にしゃべってます。歌を歌って……。会社休んで妻と遊びに行きますね。一番最初にデートしたところか、東京の街へ」と話しました。

介入課題（一五五頁～の第五章に詳述）――①朝か夜に、次の日の症状を予測すること、②妻とデートごっこをすること。

最後に、ＩＰはイメージしていた心理療法とは全く違っていたこと、話し合いが楽しかったこと、また面接室に来たいと述べ、退室して行きました。

●第二回面接（X＋二年一月一三日）――信頼関係を結ぶ

ＩＰは入院をして、症状の除去に取り組みたいと、担当の心療内科医に申し出て、実際にX＋二年一月二日に入院しました。入院当日に偶然インフルエンザに罹患して高熱を発し、入院の目的はパニック発作の軽減でしたが、この予期せぬ出来事を利用して、担当医は一時、パニック障害に対する全ての薬物を中止しました。

THはパニック障害が完全に克服できる病気であることを説明し、自らの知識の全てを使い、全力で治療に取り組むことをIPに伝えました。また、IPは「妻からは病気になってから怒るようになったと言われます」「会社で何かあったとき怒りっぽいんだと思います」と話しました。THは次回夫婦合同面接を行いたいと考えていることを伝え、病室を退室しました。

●第三回面接（X＋一年一月二〇日）――怒りへの対処

THの意向を受け、本面接は夫婦合同面接。妻は夫が「ずっと怒っていること」を問題としました。仮に問題が解決したら、解決したことにどのように気づくかを尋ねると、妻は「朝食の準備が遅れているときに怒らない。好みの物が出ないと怒っていましたがそれがなくなります」と述べました。また、IPが必ず会社に始業三〇分前に着くように出勤することが明らかになりました。IPは非常に仕事熱心であり、家族の中でのIPは「孤立した状態で疎外されていると思います」と妻が述べました。妻はIPに求めることとして「自分でできることはやって欲しい！」と強く訴えました。また、IPは昨日から病院内で夕食を食べることができたと話しました。THは担当医と話し合い、毎週末の外泊を認めることにしました。

介入課題――①週末の外泊時（金曜日・土曜日・日曜日）に一回、症状を出すように夫が三〇分間努力し、妻は救急車を呼ぶよう電話の前で待機すること、②週末の外泊時、一日だけ解決後のイメージを演技してみること、③外泊時、任意に半日を選び、怒ることを演じるようにし、いつ夫が演じているのかを妻が当てること。これらいずれかをやってみることを課題としました。

●第四回面接（X＋二年一月二七日）――逆立ちをするという課題の提示

外泊前の木曜日にパニック発作が起きたことを報告。めまいがし、首筋が熱くなり、頭に血が上り、顔が熱くなる感じであると話します。症状に対する対処行動は「我慢する」こと、薬を飲むこと。ＩＰには発作時に「もっとひどくなるのかな」という症状に対する予期不安が生じています。金曜日は調子がよく、土曜日は朝から調子悪く、朝に薬を飲み、日曜日も朝から調子悪く、朝、昼、夜と三回薬を飲んだと言います。ＩＰの洞察は「朝で決まります。今日出るかなと考えると出るんです」とのことでした。問題に対する例外として、ＴＨは金曜日に着目しました。金曜日は外に出かけ、買い物をしたり、趣味のコンピューター屋に行ったと言います。また、課題である解決後のイメージを演じたのがこの日でした。一方、怒るように努力した日は土曜日でした。ＩＰは「なんか怒れなくなってしまったんです」と述べました。ＴＨが、怒ることができないことで何か違いがあったかを尋ねると、「子ども達が近づいているんじゃないかと思いました。コミュニケーションがとれたんです」と話します。具体的には「下の子と風呂に入りました。寝るとき、その子がついてきたんです。家での生活にゆとりができたし、自然に子ども達に話しかけていたんです」などと述べました。

介入課題――パニック症状が逆立ちしたときの感覚に似ているということから、外泊時に、症状が出始めたら逆立ちをする。それもなるべく子ども達とやることでした。

ＩＰはこれをしたとき、その結果として七〇％はおさまるとイメージしました。また、ＩＰは「子どもにバカじゃないのと言われたらどうすればいいですか？」と尋ねてきたので、ＴＨは「〝バカで～す〟と言い、〝こんな面白いことはお父さん一人でやろう〟と言ったらどうか」とアドバイスしました。

●第五回面接（X＋二年二月三日）――再び、逆立ち課題の提示

ＩＰは、「目を開けていると少しクラクラするときがあります。朝が調子いいと一日いいんですが……目を閉じて横になるとすぐよくなるんですけど」と報告します。また、課題である「逆立ちをやったら、出なかったんです」と述べました。外泊時については「木曜日、クラクラしていました」「金曜日、クラクラが出ないような気がしたんですが、出ました」「土曜日、朝は調子が悪かったんですが昼寝してよくなり、夜、症状が出そうになり逆立ちをしてみました」「日曜日、軽くクラクラが出ました」「月曜日は出なかったんです」入院したときを0として、治った状態を10とすると、今「5～6くらい」であるとしました。怒りについては、怒ることがほとんどないということであり、「子ども達といる時間が長くなりました。トランプをしたりして」と述べました。

介入課題――朝にその日の症状予期を行うことから、裏のアプローチにおける悪循環的行動パター

ンの変化をTHは意図し、朝の行動パターンに違いを作ることを提案しました。また、「逆立ちをしたら出なかった」と例外的行動パターンを述べていることから、第五回面接においても逆立ちをするよう指示しました。

●第六回面接（X＋二年二月一〇日）――逆立ちの効果について

課題について、THが尋ねると、逆立ちをして症状が出なくなったこと、外泊時に夕食も食べられるようになったこと、飲み込めるようになったことを報告しました。朝の生活パターンは変えられなかったそうです。入院したときを0、治った状態を10として、今「8」であると答えました。症状が出ない理由を尋ねると、「症状が出てもそんなにひどくならないじゃないかと思えたこと」と述べました。土曜日から月曜日までの外泊時、ひどい症状はなく、たまに目がクラクラすると話しました。IPの対処行動は横になること。

介入課題――変化はゆっくりを意識するように指示しました。なお、IPはこの日二月一〇日から一二日まで外泊の予定ということでした。

●第七回面接（X＋二年二月一七日）――確認という課題の提示

午後になると、クラクラしてきて、首から肩にかけて凝ってくると話しました。クラクラは横になり目を閉じていると出てこないと言います。クラクラしているときにどういった対処行動をしているのかを確認する質問をすると、「首を振ったり、物を動かしてみたりしています」と答えました。つまり、目を開けたままクラクラを非意図的に確認してしまうわけです。外泊時については、病院内より帰宅時の方が出やすいこと、妻と子ども達と一緒に買い物に行ったこと、怒りを感じることはなく、買い物の荷物を持ったりしたことを述べました。クラクラを表現すると、暗いところから明るいところに出た感じであると言います。良くなったことは、夕食を食べられること、パニック発作まで至ることはなくなったこと、気持ちや生活に余裕ができたこと、家族と話す機会が増えたこと、でした。ＩＰは「治したい、妥協したくない」とモチベーションの高さを示しました。

介入課題――①寝付きが悪いとき、調子が悪いということから、また、朝の生活パターンに変化を与えるために運動（散歩など）をすること、②クラクラを非意図的に確認するという対処行動を意識的に午後、症状の出やすい三時に毎日やってもらうこと、もし出たら何分続くか確認を続けて、記録することを指示しました。

●第八回面接（X＋二年二月二四日）――確認の効果について

クラクラが減ったことを報告。確認をしていると、病室内の他者がうるさく、気が散って、クラクラがおさまってしまうと述べました。

介入課題――確認をするとき、立ち上がって下腹を出すように指示しました。これは、首、肩に力が入り緊張するのを防げることを意図したものです。

ＩＰは病気になる前は友達と遊びに行ったり、妻と遊びに行ったりしていたことを述べました。入院という安全地帯を保証し、一方で外泊練習をしながら、短期療法にて改善がみられたので、この時点で担当医は、自宅でも治療を継続し効果が期待できると判断し、Ｘ＋二年二月二四日、退院し、通院することになりました。

●第九回面接（Ｘ＋二年三月三日）――退院後の状態について

状態が良いことを報告しました。ＴＨが「敵（すなわち〝問題〟である）がいないと勝負ができませんよ！」と言うと、夕食が飲み込めなかったらどうしようと不安になり、喉の通りが少し気になること、夜中、不安感を持つような夢を見て、目が覚め、症状が起きるのではと不安が強まった。しかし実際には症状は出現しなかったことで自信がついたことを報告しました。認知的処理として、「いや、来ない！　来るはずがない！」と考えていたと言います。

介入課題――①夕食の席替え、②夕食時、一回冗談を言うこと。

●第一〇回面接（Ｘ＋二年三月一〇日）――挑戦する気持ちの出現

半分は抵抗なく食べられたが、半分は少し意識してしまうこと、しかしそれにもかかわらず、食べられていることを報告しました。意識してしまうときには会話がなく、自分が食べられないと家族に悪いと思う。気を使わせたくない。噛む回数が多いと飲み込みにくく、味も分からない。と話しました。また、昨日、行く前は恐怖感と大丈夫かなという期待で、落ち着かない状態であったが、友人と外で食事をしたこと、パニック発作が生起して以来、外での夕食が怖く、外食できない状態が続いていたので自信がついたことを報告。また、第一回面接で「前のように何にでも挑戦できるようになりたい」と述べていますが、IPは転職を考えており、自分のやりたい仕事を始める計画について、一緒に食事した友人に相談したと述べました。さらに性欲が戻ってきたことを報告しました。

介入課題――①夕食時に味を確認すること、②冗談を言うこと。

以降も続けて月に一回、外来でフォローアップ面接を続けましたが、パニック発作はなくなり、順調であると報告され、X＋二年八月四日のフォローアップ面接を最後として終結しました。

面接の解説

短期療法における表裏のアプローチとは、問題に対する例外的行動パターン、すなわち、すでにある解決を探索するBFTCの解決志向アプローチと、問題に対する例外が探索されない場合、例外行動を作り上げるべくこれまでと異なった問題に対する対処パターンを導入していくアプローチです。前者を表のアプローチ、後者を裏のアプローチと本書では便宜的に呼ぶことにします。

この後者はMRIアプローチの一般的な方法ですが、MRI短期療法では症状を含めた問題行動というものが対人的相互交渉の中で支えられ、維持されていると仮定します。これは、個人の行動というものは他者の行動を制限し、他者からの行動がまたその個人の行動を制限することで、一定の相互作用パターンが構成されるというコミュニケーションの一般的性質に基づくものです。しかし、問題行動に付随する相互作用パターンは常道的パターンを示さず、詳細に観察すると、必ず揺らぎが見られます。例えば、個人の問題行動に対して、他者はA反応、反応、反応など、A群と呼べる反応を示すパターンを示しますが、そこに必ずB反応、C反応などという例外的反応パターンが隠されているわけです。こうした例外的相互作用パターンを長谷川（一九九八）は「拘束からもれる拘束」と呼んでいます。しかし、人間の意識の性質はとかく問題に向かいやすいため、例外というものに気付きにくいものでもあります。

【事例3】では、具体的な解決後の行動をイメージすることはできましたが、実際の生活において、そのような解決後の行動がすでに行われているときはなく、問題に対する例外を患者と共に探索することは困難でした。そこで、裏のアプローチとして問題に対してこれまでやったことのない行動を指示しました。第三回目の夫婦合同面接では、パニック発作に付随する夫婦の問題に焦点を当てました。問題は夫がいつも怒っていることでした。夫の怒りに対して、ＭＲＩアプローチの技法の一つであるパラドックスを用いました。具体的には、帰宅時に夫が演技で妻の前で怒りを示し、妻はそれが演技であるか演技でないのかを当てるという介入を提示したわけです。

第四回目の面接で、ＩＰは「怒れなくなった」と報告しています。この怒れなくなったという行動変化に伴い「子ども達との心理的距離の縮まりを感じた」と述べています。一般的にパニック障害患者の多くは発作に付随して、内向的で、個人的行動パターンを取り始めることも少なくなく、対人的交流パターンを作り出すことは役に立つものです。また、第四回面接では、「パニック症状が逆立ちをしたときの感覚に似ている」とＩＰが述べたことから、このＩＰの洞察を利用し、パラドックス・アプローチを取りました。すなわち、対人的要素である子どもを取り入れ、子ども達と共に逆立ちをするよう指示したわけです。これは意図的にパニック症状と同様な身体的感覚を作り上げるというパラドックスであり、いつもと違う問題に対する対処パターンを創造することを意図した介入です。

第五回面接で、ＩＰは、逆立ちをしたら発作に至らなかったこと、また、「朝調子が良いと一日良い」という例外について報告しています。第七回面接では「目がクラクラするような気がする」というパニックに至るサインとなる症状が残っていることが語られ、予期不安を示しました。目がクラクラするとき、必ずクラクラしていることを確認してしまうという対処パターンがあり、この対処パターンに相違を生み出すために、この症状が起こったら、時間を計ってもらうよう指示しました。これ以降、パニック症状が消失したことが語られました。

〔2〕【事例4】口臭が気になる主婦――口臭自己臭症の症例

ＩＰは六〇歳の専業主婦。十数年前から口臭が気になっており、実際に家族や知人に指摘された経験もあるそうです。生活面では合気道サークルなどに参加し、活動的な面があります。性格傾向としては一生懸命になりすぎる傾向があります。現在、六五歳の夫と三五歳の独身の息子と共に三人で暮らしています。

現病歴と面接までの経過は次のようなものでした。X年一二月中旬より、頭痛、発汗、身体がカッと急に熱くなるなどの症状を訴え、同年一二月二四日に当病院に受診しました。心療内科医によって、パニック症状と判断され、それを中心とした薬物治療を受けていましたが、その後、口臭が気になると訴え、当病院内の歯科で検査が行われました。右側下顎第一大臼歯近心に歯周ポケット（深さ三ミリ）が見られましたが、口臭の原因とは判断されず、当病院内の心理相談室に紹介されました。前任のセラピストがX＋一年二月六日にＩＰの心理面接を開始し、覚醒水準を低下させ睡眠を促すためのオーディオ・テープを聴くように指示し、第二回目の二月一二日には「頭がすっきりした」と報告しています。前任者は、五月二八日まで計六回の心理面接を行い、ＩＰは不眠に対してある程度の改善を示していました。その後、前任者から引き継がれるかたちで、後任者（以下、ＴＨと記述する）がX＋一年一二月二日より短期療法による面接を開始しました。

短期療法による面接

●第一回面接（X＋一年一二月二日）――信頼関係の形成

口臭に限らず自己臭症のケースでは、ラポールの形成が困難であり、ラポールの取り方に工夫が求められる場合が多いように思われます。それは、クライエントが口臭を意識するのは対人場面であり、対話中の微妙な仕草がクライエントの意味づけを強化していく構造になっているのですが、治療者（メディカルドクターやセラピスト）との相互作用もまた対人場面であることから、治療者もまた、クライエントの問題の一部を構成してしまう構造になるためでしょう。例えば、心理療法において、セラピストがクライエントに「臭いますよね？」と尋ねられ、これに対してセラピストが「臭わない」と反応したとしても、クライエントはセラピストに対して「本当のことを言ってくれない」「信用できない」という認識を抱いてしまうことが多いのです。

本ケースにおいてこのような傾向が見られるのかどうかを確認するために、第一回面接開始時に、以下のように面接を開始しましたが、やはりこのような傾向を示すＩＰの発言が見られています。

TH　ここでどういう話ができたら、ここに来てよかったなと思えますか？

IP　何回か話をして口臭があると感じたら正直に言って下さい。△△先生や□□先生なんかも口臭を感じてたようでした。

TH　分かりました。お約束します。でも、どういうことから周囲の人が○○さんの口臭を感じていることが分かるのですか？

IP　こ、こうやって小鼻にちょちょっと手をやったり、顔を背けたり、話をするとき距離を取ったりしますから、分かります。

自己臭症に典型的に見られるこのようなクライエントの問題の一部にセラピストが取り込まれていくケースにおいては、セラピストはパラドックスに追い込まれていくことになります。それは、クライエントが、口臭をセラピストも含めた他者が感じているという枠組みで、対人的相互作用を行っていく傾向が見られるために「臭くない」と言っても、それは信用するにあたらない言葉となりやすく、逆に「臭い」と言うならば、それはクライエントの理屈を正当化するものに過ぎなくなる傾向があるためです。

このＩＰと相互作用する相手は常にこのようなパラドックスに追い込まれていくことになります。この時点で、このＩＰがこうした対人的相互作用を行うことで、周囲が距離を取り、ＩＰはそれを口臭に原因帰属し、正当化している、というシステム論的仮説をセラピストは立て、「表裏のアプローチ」を中心に据えた心理面接を行うことにしました。このパラドックスをほどくため、次のように会話を進めました。

TH　(しばらく沈黙し) 私は今、唾液が喉をとおりません。もともと鼻も弱くて、鼻もむずむずしてきました。私、いつも鼻をすすったり、かんだりしてるんです。本当に今は○○さんの口臭を感じてないのに、感じていると思われるんじゃないかと心配で……どうすればいいですか？　鼻をかんでもいいですか？

IP　(笑い) 大丈夫です。私、先生は本当のことを言ってくれる気がしました。どうぞ鼻をかんで下さい。

このように会話を進めることで、ラポールと言わないまでも、信頼関係を結ぶことが可能でした。このような信頼関係を結んだ後に表のアプローチである問題に対する例外的行動パターン、すなわち、良循環に焦点を当て、質問を行っていきました。

TH　口臭がなくなったら、今と何が変わりますか？

IP　人と話すようになります。

TH　最も最近で、人とお話したのはいつ頃ですか？　覚えてます？

IP　最近、友達にあって二、三時間話をしました。

第一回目の短期療法的介入は、「口臭を他人に感じられたとき、観察しメモする」というものでした。その理由は、観察という視点からもう一度、口臭を他者が感じていると思われる時を明確化し、限定することで、例外的行動パターンを知るために役立つと思われたからです。

●第二回面接（X＋一年一二月一六日）――例外的行動パターンの拡張

第二回面接では、例外的行動パターンに焦点を当て、探索していきました。これは信頼関係を築いた後であると、クライエントにとって抵抗なく、探索しやすいものとなります。

TH　前回の状態を0として、全く問題がない状態を10とすると、今いくつくらいですか？
IP　7から8ですね。
TH　へー。7か8ですか？
IP　（メモを取り出し）昨日のサークルの忘年会では（口臭は）特に気になりませんでした。

ここで、IPは現在と対比して、過去の状態を振り返って話し始めました。それは、過去に夜眠れなかったり、体温が急に上昇するなど、自律神経系の問題を持っていましたが、現在では薬によってこうした状態が比較的おさえられているということでした。また、IPは薬を飲む以前には口臭が出ていたことを強調しました。セラピストは傾聴した後、過去から現在に戻す次のような質問を行いました。

TH　以前と変わったことは他にありますか？
IP　サークルには六年間通っていますが、ここ一、二カ月人と喋れるようになりました。

TH　8から10にあがったら、何が違いますか？
IP　いろいろな人と喋れるようになります。

セラピストはクライエントの先の過去の振り返りに戻り、口臭と生活パターンの関連について質問しました。

TH　口臭があるときとないとき、生活の中でどんな違いがありますか？
IP　眠れない時、口臭が出るような気がします。でも、自律神経の薬をもらってからは前より眠れるようになりました。

第二回面接の介入では、主治医（心療内科医）からの「薬に依存している傾向がある」というコメントもあり、IPの薬↓眠れる↓口臭なし、という意味付けの中で、薬がなくても眠れて口臭のない状態があるか否かを確かめるために、薬を二、三日抜く日をつくるよう指示しました。また、眠れない時に、布団に入ったまま目を瞑って寝ようとするというパターンが見られたので、眠れない時布団から出て何か活動するように提案しました。この提案は、眠れないことに対して寝ようとする解決行動が、悪循環となり、不眠という問題を支えているという裏のアプローチの見立てによるものでした。

●第三回面接（X＋二年一月一三日）

第三回面接では、IPは一二月一六日から一月七日までの睡眠の状態に関する日記を取り出し、説明を始めました。洞察として次のようなことが述べられました。

IP　安定剤を毎日飲むよりも、続けて三日くらい抜いたほうが眠れることに気づきました。

口臭については、一二月一九日に友人宅に行って、一回だけ口臭が気になったとしました。第三回面接での介入は前回と同様でした。

●第四回面接（X＋二年二月三日）

第四回面接では、最初に睡眠の状態について会話が進められました。セラピストは、不眠パターンに対する例外的パターンを探索し、拡張する質問を行いました。

TH　前回を0として、普通に眠れる状態を10とすると、今いくつくらいですか？

IP　5くらいです。

TH　何がよかったんでしょう？

IP　薬を週に一、二回しか飲まないようにしたのがよかったんだと思います。

次に、口臭については次のように進められました。

ＴＨ　（口臭が）すごく気になる状態を0、全く気にならない状態を10として、今はいくつですか？

ＩＰ　7です。

ＴＨ　残りの3は何でしょうか？

ＩＰ　やはり食事をした後、歯を磨かないと気になります。

歯を磨く行動が強迫的なものであるか否かを確認するために一日に何回歯を磨くのかを確認したところ、三回ということであり、日常生活に支障をきたすものではないと判断されました。最後に最近の社会生活についてセラピストが尋ねると、話ができるようになっていると述べ、その行動が維持されていることが報告されました。

面接の解説

【事例4】では、最初に、解決志向アプローチで強調される解決後の行動（「人と話すようになる」）を探索しました。その後、現在でもそのような行動があるか否かを尋ねたところ、「最近、友達にあって、二、三時間話をした」という例外が語られました。これが表のアプローチです。一方で、問題に対する日常の対処パターンに相違を生み出すために、口臭があると他者に感じられたと思うときを観察し、メモするよう指示しました。これが裏のアプローチです。第二回面接では、解決後としてイメージした状態（「口臭が気にならなくなってきたこと」「人と話せるようになったこと」）が生じていることを話しています。また、ＩＰの生活パターンと口臭の関係をセラピストが尋ねると、「寝られないとき、口臭が出る」というＩＰの意味付けが語られました。短期療法ではこうした患者の意味付けを非合理的信念として論破しようとはしません。むしろユーティライズ（利用）していくわけです。寝られないときの対処パターンに相違を作り出すため、眠れない時は蒲団から出て何か活動をするように指示しました。第三回面接では、眠ることができたという問題に対する例外的行動を経験していました。

以上、【事例３】【事例４】では、問題に対する例外をＩＰに話すよう強いることなく、自然に解決についてＩＰが語ることが可能な面接場面を構成することができているということが言えるでしょう。これは、表裏のアプローチというものが短期療法におけるより実践的な認識論であり、また、方法であることを示唆するものです。

第四章 治療的会話法

近年、短期／家族療法では「会話」というものが重視され、治療的会話や介入的面接という考え方が専門家の間から提案されてきました。会話自体が重視されるようになった背景には、セカンド・オーダー・サイバネティクスの認識論が提示されたことにあります。それは、初期の家族療法では、家族というシステムが治療者から観察されるという視点を打ち出しましたが、実際には面接場面では家族と治療者が相互に影響し合っており、治療者を含めた治療システムという視点を考慮する必要性があることが意識されたことにあります。初期の家族療法に見られる「観察されたシステム」という視点を取るのがファースト・オーダー・サイバネティクスに基づく認識論と呼ばれ［注1］、一方、治療者を含めた治療システムを重視し、「観察しているシステム」という視点を取るのがセカンド・オーダー・サイバネティクスに基づく認識論と呼ばれています［注2］。

第三章で提示した表裏のアプローチを実践するにあたっても、セラピストはクライエント（家族を含む）と会話を進めていきます。表裏のアプローチでは、最終的に提示する介入課題というものが重要と考えられるかもしれませんが、介入課題に至るまでの会話自体がすでに介入としての効果を持っているのです。例えば、最初に“What's better?”の質問を行うのは、問題に対する例外的行動パターン、すなわち、すでに解決しているときの行動パターンを探索することとともに、クライエントの思考、感情、行動に変化を促し、解決を構築していくものでもあります。しかし、こうした会話にはいくつかの技術が必要です。本章では、その技術的側面について分かりやすく説明していきたいと思います。

1 面接における質問法

面接での会話が重視されたのは、短期／家族療法ではセカンド・オーダー・サイバネティクス以降ですが、ロジャーズの来談者中心療法では、元々、傾聴（うなずき、クライエントの感情のひだまで理解するように）や反射（クライエントの言葉を繰り返し、要約する）という形で面接における会話が重要視されていました。しかし、大きな違いがあります。それは短期／家族療法では「傾聴」や「反射」よりもむしろ、「質問」というものが重視されているからです。

〔1〕開始の質問（スターティング・クエスチョン）

私は初回面接の開始にスターティング・クエスチョン（開始の質問）を行います。これは、BFTCのバーグがよく使う質問です。どのような質問かというと、「今後、どんなことが起こったら（あるいは、どういう状態になったら）、今日ここに相談に来て（あるいは、ここで話をして）よかったなーと思えますか？」というものです。**この質問によりゴールやその方向性を捉えていきます。**

【事例3】のパニック障害と診断されたクライエントの事例を用いてその使用法について例示したいと思います。

TH　今後どのようになったら、今日ここに来て良かったなと思えますか？
CL　症状がなくなればいい……普通の人間として生きたい。
TH　普通の人間とはどういう意味なんですか？
CL　休みの日に家族と旅行したり、子どもと遊んだり、前のように何にでも挑戦できるようになりたいです。

〈2〉差異に着目した質問

差異に着目した質問は、「問題がなくなったら、(IPの行動、家族の行動など)何が違ってくるか?」「問題がひどくなってきたら、(IPの行動、家族の行動など)何が違ってくるか?」など、行動の相違、すなわち、**変化に着目させる質問法**です。

TH　症状がなくなったら、今と何が違いますか?
CL　たぶん家庭が明るくなりますね。……病気になってから、妻や子どもを怒るようになりました。すぐカッとなるんです。
TH　仕事についてはどうでしょうか?
CL　虚勢を張って生きていますから……気負いがなくなって仕事ができると思います。

〈3〉尺度化の質問(スケーリング・クエスチョン)

尺度化の質問は、BFTCが提示した質問法です。尺度化の質問の使い方はさまざまです。例えば、「問題を解決したいとどれくらい思っているか?」や「課題をどのくらい実行する見込みがあるか?」など**動機付けの高さ**について尋ねることもできれば、**差異に着目した質問を導く**ために使用

図4-1　ニコちゃんマークを利用したスケーリングクエスチョン

することも可能です。以下は差異の質問へと導く尺度化の質問の例です。

TH　最も悪かった一〇年前を0として、理想の状態を10とすると、今いくつぐらいですか？

CL　3です。

TH　1上がったら、何が違ってきますか？

CL　夕飯が食べられるようになります。

BFTCにおける原型は、一〇点法ですが、日本においては一〇〇点スケールの方が、学校教育の中で一般的ということや、三〇点を赤点ではないと意味づけたり、七〇点取れればまあいいだろうなどという意味づけが可能であり、使いやすいものです。こうした理由から一〇〇点満点法で尋ねる方が文化的にフィットするようです（参考として、小野、一九九五）。また、その他、言葉によらない視覚的な尺度化の方法としてお天気マークを利用したり（阿瀬川、一九九九）、子どもの場合では、泣いている顔から笑顔までを一〇段階で図示して、最も悪かったときと現在の状態を選択させることができます（図4－1）。

〔4〕奇跡の質問（ミラクル・クエスチョン）

この奇跡の質問もまた、ＢＦＴＣが提示した例外を探索する質問法です。「寝ている間に全ての問題が解決しました。しかし、寝ているからあなたは解決したことに気付いていません。朝起きてどんなことから、また、どのように問題が解決したことに気付きますか？」という質問が原型です。

ＴＨ　仮に寝ている間に奇跡が起きて問題が全て解決したら、あなたは次の日の朝、どのように気付きますか？

ＣＬ　家でへらへら妻にしゃべっています。歌を歌って……。会社休んで妻と遊びに行きますね。一番最初にデートしたところか、東京の街へ。

また、奇跡という言葉はキリスト教文化にフィットした言葉であり、仏教文化にはフィットしないということから、中尾・若島（一九九七）は次のように使用することを提案しました。それは「仮にあなたの夢が正夢になったとき、正夢になる兆しとはどんなことでしょうか？」という質問の仕方です。これをドリーム・カム・トゥルー・クエスチョン、略してドリカムQと呼んでいます。

〔5〕再帰的質問（リフレクシブ・クエスチョン）

再帰的というのは reflexive を意味しています。再帰的質問を最も初期に重視したのが短期療法の一学派であるミラノ派です。ミラノ派では円環的質問法というものを使用し始めました。円環的質問とは、「息子さんの問題を奥さんはどのように考えていると（お父さんは）思われますか？」「息子さんは自らの問題についてどのように感じていると（お母さんは）思われますか？」「君の症状に対して、お父さんはお母さんがどのように感じていると（君は）思いますか？」というような質問の仕方です。

この円環的質問法に着目したカール・トムによって再帰的質問という言葉が使用されることになりました。トムは、再帰的質問が家族成員が自らの認知と行動の構成パターンを生成し、普遍化することを可能にし、また、認知システムの中での意味と意味との繋がりを活性化するものであり、個人や家族の自己の癒しを促すよう意図された質問である、と述べています。トムによると、再帰的質問には次のようなタイプがあるとしています（Tomm, 1987a, b ; 1988）。

①未来志向の質問

この質問は、来談した家族の自然な会話の中では未来についてなかなか語られることがないので、セラピストが方向付けることがそのきっかけとなるものです。クライエント家族がそれらを家に持ち帰り実行することもあります。

家族の目標を発展させること↓〝どんな仕事に将来就きたいの？〟〝どんな経験が必要かしら？〟〝お母さん、彼女の目標にどんな援助をすることが考えられますか？〟　目標が曖昧な場合は、〝その目標が達成されたことをどのように知るでしょうか？〟

予想される結果についての質問↓〝彼女がそれを成し遂げたら、一番驚くのは誰でしょうか？〟

潜在化された結果↓〝このまま、今のやり方を続けたら、あなた達の関係に何が生じますか？〟

悲惨な結末の期待の探索↓〝あなたの娘さんが家を出たら、あたたにはどんな心配が生じてきますか？〟〝両親が一番恐れていることは、どんなことと想像されますか？〟

仮定的可能性↓〝あなたがドラッグを使うと、ご両親は心配するでしょうか？〟〝そのことをあなたがたが心配しすぎると、信頼していないのではないかと、彼女が受け取る可能性はありますか？〟

未来への橋渡し、未来への行為↓〝あなたがたは、娘さんが性行動をコントロールできないとすると……〟

②観察者の視点からの質問

これは家族成員間にとって今だ気づかれていないパターンや役割に気づかせ、その視点からある行動や出来事の意味を解釈するよう促すものです。この質問は、何について質問するかによって（個人、関係、コメント）分類できるものです。

個人についてはその自己の気づきを、他者については他者についての気づきを促す→〝そんな気持ちを引き起こさせた状況についてあなたはどのように解釈していますか？〟〝そんな状況に彼がおかれたとき、彼はどんな経験をするとあなたは想像しますか？〟

対人相互作用の探索→〝彼が落ち込んでいるとき、あなたは何をしますか？〟

三者関係の質問→〝君のお父さんが妹さんを叱っているとき、お母さんはたいてい何をしている？　お母さんは巻き込まれるかな？　お母さんが巻き込まれたとき、誰のそばにいるかな？お母さんがお父さんの傍らにいるとき、妹さんは何しているかな？〟

これらの質問は情報の探索とビリーフシステムの意味と意味との結合を目的に使用できるものです。

③期待されない文脈変化の質問

この質問は、悪いは、良いに対応しているときだけ存在し得るという考えに基づいたものです。

対立的内容探索の質問↓〝あなた方が気分良く時を過ごした最後のときは、いつでしたか？　そのとき、何をしていましたか？〟

対立的文脈探索の質問↓〝喧嘩をして、家族の中で最も喜ぶのは誰ですか？〟

その他の質問↓〝こんな不快なパターンをあなたが続ける理由があると仮定したら、それは何ですか？〟

パラドキシカルな混乱↓〝もっとうまく盗むことはできないの？〟〝死ぬためにはアイデアと熟考のいずれかが必要でしょうか？〟

④提案が埋め込まれた質問

これらは、潜在的な可能性を指摘する内容の質問です。問題や解決に方向付けを強めていくとき、これは戦略になっていきます。

埋め込まれたリフレーム↓〝彼がとても強情になっているとする代わりに、ただ混乱しているだけ、混乱していることすら分からないぐらい混乱している、と考えると、どのように彼を扱うとあなたは想像しますか？〟

選択的行為が埋め込まれた質問↓〝彼女が腹を立てた時にあなたが立ち去る代わりに、彼女の方にただ腕をまわしたなら、彼女は何をするでしょうか？〟

意思が埋め込まれた質問↓〝彼女が食欲を失うのはいつですか？〟

謝罪が埋め込まれた質問↓〝彼女に何も言わなかったり、避けたりする代わりに、あなたが謝るならば、あなたに何が生じると考えられますか？〟

⑤規範的な比較の質問

問題を持つ家族や個人は、異常として自己を経験する傾向があります。そこでノーマライズ（一般化）することが必要になります。

社会的規範との比較↓〝お互いのフラストレーションや怒りを表現することができる健康な家族を知っていますか？〟

発達的規範との比較↓〝人生のこの段階で多くの家族では、男の子たちは父親に接近するものです。何がジュアンを母親に接近させているのでしょうか？〟

文化的規範との比較↓〝あなたがイギリス系アメリカ人なら、奥さんと息子さんの少ないかかわりをどう考えますか？〟

⑥区別を明らかにする質問

これらは先述した差異に注目させる質問です。

原因帰属を明確化する質問↓〝お父さんは盗みを社会的罪、病気、それとも道徳的罪と見なしているると思いますか？〟

シークエンスを明確化する質問↓〝家を去る前、それとも後に薬を飲んだんですか？〟

ジレンマを明確化する質問↓〝仕事のため？　家族のため？　何が最も重要ですか？〟

⑦仮説をもたらす質問

これらはある仮説に従った前提をもって質問をし、仮説を確認していく質問です。

円環性を示す質問↓〝あなたが怒り、彼女が引きこもり、彼女が引きこもり、あなたが怒ったとき、子ども達は何をしいてます？〟

防衛的メカニズムを示す質問↓〝彼が彼自身の恥と罪に耐えきれず、代わってあなたに怒りを示したとき、彼が簡単にその痛みを受容し、認めることができると想像されますか？〟

⑧プロセスを中断する質問

これらは問題－偽解決循環を切断するための質問です。

現在のプロセスを曝露する質問↓〝家でもここで行われているような議論が行われていますか？

〝(子どもに向けて) 君たちの誰が一番ここに介入できるかな?〟

以上、質問法のバリエーションについて記述してきました。これらは、情報を探索すると共に、その質問自体が変化を導く介入的効果が見込まれるものということができます。上述した、奇跡の質問自体が解決への大きい変化を促した事例を以下に紹介します。

〔6〕【事例5】死にたいと訴える抑うつ女性――気分変調性障害の症例

IPは気分変調性障害(Dysthymic Disorder:DSM-IV 300.4)と診断された三五歳の女性です。家族は、夫、夫方父母、長男の五人であり、同居しています。IPは舅や姑との関係がうまくいかず、気がねして夫婦の時間、夫婦‐子どもの時間をもったことがありません。また、数年前に夫の浮気が発覚し、IPは夫を信じられなくなっただけでなく、生理的に受けつけなくなったと言います。

面接に至るまでの経過は次のようなものでした。X年春、頭痛、吐き気などの症状を呈し、受診。うつ状態と判断されて入院し、その三カ月後に退院しました。しかし、退院後、一生懸命に家族に適応しようと努力してきたにもかかわらず、夫に「他人はいつまでたっても他人」と言われ、その二、三日後から、誰とも話したくない、一人でいたい、死んだ方がいいと思うようになり、再び、うつ状態になりその冬に再入院しました。

面接開始後の経過

第一回面接：抑うつ状態（死にたいと思う。全てに意欲がない。食事の準備、子どもの世話が負担である）、夫とその家族との生活における問題が語られました。

第二回面接：気分転換に友人宅に行った帰りに運転中、吐き気、めまいなどパニック発作が生じ、入院したという状況であったことを報告しました。死をくい止めるものは、子どもと実家の親の存在であると述べました。

第四回面接：表のアプローチによって、夫との例外的行動パターンについて取り上げました。また、現在、ＩＰ自身が不倫をしていることを報告しました。

第五回面接：夫婦合同面接を行いました。そこでは、問題解決後の夫婦の相互作用をイメージさせました。ＩＰの落ち込みに対する対処法は、夫に落ち込みや悩みを訴えないことであり、それを聞いた夫は「一緒にやっていくからには悩みを聞いてあげたい」とＩＰの前で述べました。

第六回面接：妻は夫に対する肯定的感情を拡大し、不倫している男性との比較と選択に悩み始めます。介入課題として悩んだことをメモするよう指示。

第七回面接：今後、いずれの男性を選択すればいいか悩み、「子どもと死にたい」と話しました。

第八回面接：課題をすることもできないと報告。ＩＰが繰り返し「自殺したい」と述べるので、ＴＨが「ほんとうに絶望的ですね」と言いました。するとＩＰは「半分はそうですが、半分はまだ余裕があります」と話しました。

第九回面接：夫と子どもが面会に来て、夫の優しい言葉から、落ち込みが増す。死にたい気持ちが六割に増えたと述べました。九割になったら死ぬと話しました。

第一〇回面接：死にたい気持ちが七割であると報告。今まで子どもが歯止めになっていたが、今は自分のことしか考えられないと報告。話かけられることすら苦痛であるとし、面接が行き詰まりました。そこで、奇跡の質問を使用し、寝ている間に奇跡が起こって問題が全て解決したという仮定で、生活をイメージしてもらいました。実際に語られたことは以下のような内容でした。

「病院じゃなく違う場所に寝ていた。誰もいないところ。自分一人だけ。辺りを見回してみる。ボーッとして、車を運転してどっかに行ってみる。高原みたいに緑が広がる場所。だだっ広い場所。すがすがしい気持ちになれる場所。何が起きたんだろう？　誰も人間はいないのかな？　とかもっともっと道路を進んで探索する。食料品のスーパー、自動販売機みたいなもの。みそラーメンを買って家に帰る。（ＴＨ：他には？）飲み物、果物、野菜、お茶とコーヒー、ミカン、レタス、キュウリ、人参。（ＴＨ：家に帰って？）多分、お腹がすいているので準備して食べる。（ＴＨ：どんなふうに？）サラダにして、コーヒー飲んで、リラックスして飲める。一人になってることに浸りたい。もしかしたらさみしくなるかも。（ＴＨ：それから？）テレビを見る。ニュース。変化があるかなと。汚かったら掃除を始める。横になってみてただぼーっとして時間を過ごす。（TH：次の日は？）ほんとに人がいないのか確認しに遠くへ行く、海に行きたい。静かな海、砂浜、そこに座って、海を眺めて、音を聞いて、たばこを吸う。（TH：たばこの味は？）おいしい。私は一人なんだなー、おいしいなーと思う。自分が一人の状態で自由に生きることができる。楽しい、好奇心が出てくる。いろいろ探ってみる。（TH：何が見つかりますか？）全てが機械、パチンコ屋も車屋も。子どもに帰ったように遊びたい。自分の好きなお酒を買って家に帰って飲む。冷酒を一升。幸せ。そのまま寝る。（TH：次の日は？）パチンコ屋に一日行く、大当たりでどんどん面白いように勝てる。（TH：最近の大当たりはいつでしたか？）一月末に六万円、一二月は四回やって二〇万。（TH：最近でお酒がおいしかったのは？）昨日、外出して居酒屋で飲んできた。〇〇さんと〇〇さんと。ジョッキで三、四杯飲んだ。ちきしょー何でもやっちゃうぞ、とか言いながら。もっと飲みたかった。自分を痛めつけたい。（TH：今度はいつ飲みますか？）会社の送別会。（TH：誰にからみましょうか？）［IP：笑い］。（TH：最近でたばこがおいしかったのは？）昨日、ビールを飲みながら吸ったたばこ。（TH：好きなお酒とかありますか？）越の寒梅、久保田……。こうして話してるとまだ楽しいことがあることに気づきました。とりあえず退院して、実家に戻ろうと思います」

第一一回面接：二八日に退院を決めたと報告。今は何とか生きてみようという気持ちが六割であると述べました。介入として、「ゆっくり変化していけばいい」と自分にいいきかせるように指示しました。

第一二回面接：退院時に家に帰りたくなくなり、退院が遅れたことを報告。昨日、一日早い子どもの誕生パーティーをし、家族で楽しめたこと、職安に行って、こんな仕事もしたい、これも面白そうと楽しかったことを報告。今後、自分が変化していく状態を心理面接で確認していきたいと述べました。再び介入課題は「ゆっくり変化していけばいい」と自分にいいきかせるように指示しました。

第一三回面接：死にたい気持ちは一～二％。今までのようには絶対にならないという気持ち、周囲を気にしない気持ちについて述べました。再び介入課題は「ゆっくり変化していけばいい」と自分にいいきかせるように指示しました。

第一四回面接：ＩＰは夢を見たと言います。「小学校とか幼稚園の頃のもの。自分が間違っていると周囲から責め立てられるもの。だから、常に人のこと、人の言葉が気になる人間になってしまったのかな。自分のやりたいことをやらせてもらえなかった。結婚が唯一の親への反抗であった」と話しました。仕事のことは進行中。介入課題として、①前回と同様、②悲しいこと、寂しいこと、不安になったらメモすること。

第一五回面接：「夫がやはりこの病気のこと理解してないのかなと思うことがあった」と述べました。これに対してＴＨは抑うつのコイン・モデル、すなわち、抑うつ的行動に対して他者が取る一般的反応について説明しました。その後、例外的行動について話し合いました。夫が手助けしてくれたこと、夫を手助けしたこと、など肯定的出来事ついて話しました。

第一七回面接：THが「どういうふうにするとまた悪くなりますか？」と尋ねると、IPは「我慢して家のことやる。夫が浮気。嫁ぎ先の親に何か言われたら」などと述べました。

第一八回面接（最終面接）：天気がよいので、研修生による散歩と身体のエクササイズ。その後、面接でTHが再入院の可能性をきくと、〇％と答えました。「なぜ、状態がよいのですか？」というTHの質問に、「夫や家族が変わってくれ、充実感があるから」と応えました。

このケースは約五カ月間で一八回の面接を行い終結に至りました。

2 言葉の使い方

先述したように、最近、面接場面の言葉の使い方が注目されています。それは、セラピストとクライエントの間で行われている会話がもうすでに変化を導いているということからです。特にナラティブセラピーと言われる一連の学派ではそのように考えられています。先程挙げたさまざまな質問法も変化へと導く会話を構成するためのツールですが、ここでもう少し付け加えたい言葉の使用法があります。

〈1〉問題の限定化

悩みを持つとき、私達はその問題にとらわれ、頭の中が問題でいっぱいです。しかし、実際には、問題はずっと同じように続いているわけではありません。例えば、落ち込みが激しいという訴えを持つクライエントと次のような会話をしていくことで明らかになっていきます。

CL　気分の落ち込みが激しくて、もう、何もすることができないんです。

TH　気分の落ち込みが激しいときがあって、もう、何もすることができなくなるときが**ある**んですね？

このように気分の落ち込みに関して時間や場所を限定するよう促す繰り返し（リフレクション）を行うことは、例外的パターンを探索するために役立ちます。例外を探索するための準備状態を構成する方法と言えるでしょう。次に、こういう質問の仕方が有効になってきます。

TH　比較的落ち込みが少なく思えるときはありますか？

このような「比較的」という言葉は、完全に落ち込まない状態と完全に落ち込む状態の二者択一的ではなく、よりよい状態を思考できるよう促し、よりよい状態を例外的行動パターンとして探索できるメリットを持ちます。

〔2〕問題の外在化

この問題の外在化という言葉は、ホワイトとエプストンの物語モデル（narrative model）によって使用され始めました。問題の外在化というのは、問題を人々から切り離し、問題を客観化することです。その狙いは、自分と問題の距離を離して見ることによって、問題というものが今までと異なって見えてくることにあります。

外在化の具体的な例として、不安神経症の女性のパニック発作に「タイガー」と名付けた例（【事例7】）や、不登校中学生の学校に行きたいという気持ちと行きたくないというアンビバレンスの感情に「ウルトラマン」と名付けた例などがあります。また、以下のような問題を外在化した質問法があります（国谷、一九九八）。

①どんなふうに自信をなくすようになったんですか？
②自信をなくされたとき、自信があるときと違う行動を何かなさいますか？
③「自信のなさ」があなたを振り回すようになってしまったのは、どんな事情によるのでしょう？
④「自信のなさ」に圧迫感を感じるとき起こる、典型的な出来事を教えてください。
⑤「自信のなさ」があなたの的確な判断を妨げてしまうのはどんな場合でしょう？
⑥「自信のなさ」はどのようにしてあなたの現在のトラブルを導いたのでしょう？
⑦「自信のなさ」の出現に関わらず、何とか耐えてセルフコントロールできた経験があるのではないでしょうか？

また、私は次のように用いています。

例 兄弟喧嘩をする小学生

ＴＨ　（ＩＰに対して）君が弟と喧嘩をしないことが、お母さんの病気が治るのに役に立つと思うんだね。
母親　でもこの子はやめられません。自分から仕掛けるんですから。
ＴＨ　（ＩＰに対して）君はお母さんが病気が治ればいいなーと思ってるんだよね？

IP　うん。思ってるよ！

TH　じゃあ、本当は喧嘩をしたくはないわけだよね。でも、**喧嘩をしたくなるような何かが襲ってくるんだね？**

IP　うん！

TH　じゃあ、君が悪いんじゃないね。**襲ってくる何かが悪いわけだね？　それに名前は付けられるかな？**

IP　ストレッチ・パワー。ふふっ。

TH　ストレッチ・パワーか。今度、それが襲ってきたら、どうする？

IP　窓を開けて追い出す。出ていかなかったら、外に連れていく！

TH　勝てるかな？

IP　うん。勝てるよ。チョップで！

〔3〕ラポールに代わるもの――ノイズを入れること、混乱させること、ユーモア

心理臨床の世界には、受容と共感に基づいたセラピスト－クライエント間の信頼関係を築き上げることが重要であると考えられています。それをラポールといいます。ラポールは信頼関係であるがゆえ、その構築には時間がかかります。また、信頼というのは常に不信と隣り合わせに存在し、精

神分析でいう転移や逆転移が現象化しやすい構造になる傾向があります。私は信頼関係に基づくラポールという方法だけではなく、ノイズを入れること、混乱させること、ユーモアというものを利用し、瞬時にクライエントとのコミュニケーション・ルートを構築していきます。例えば、以下のような例がありました。

例1――子どもが全く言うことを聞かないと訴える母親がいました。母親はその子どもに怒鳴り散らします。子どもがこんなに悪い子だということをソーシャルワーカーとセラピストに報告している間に母親はエキサイトしてきます。そのとき、セラピストは子どもに言いました。「このクソガキがー、今度やったら保護所にたたき込むぞ！」。母親は一瞬にして正気に戻り、笑顔を取り戻しました。ソーシャルワーカーは横で腹を抱えて笑っていました。その後、子どものしつけが少し楽になったと母親は話し終結に至りました。

例2――例1の母親と子どものケースで、その子どもの妹が来談したことがありました。ソーシャルワーカーが面接室の外に行っているとき、その妹がぐずり始めました。「ねー、帰ろうよー」座っている母親の足下でばたばたとだだをこね、大泣きし始めました。残されたセラピストはその妹の横に行き、その子よりも大声でばたばたとだだをこねました。「もうやだー、帰りたいよー、帰りたいよー」すると、その妹はびっくりして立ち上がり、母親にしがみつき笑い始めました。セラピストがやめようかなと思った瞬間に、面接室にソーシャルワーカーが入ってきました。ソーシャルワーカーは泣き笑いしていました。その後、妹も静かに座って面接に参加していました。

例3――不登校の中学生の自宅を訪問しました。自宅には母親がおり、ソーシャルワーカーとセラピストと三人で話をしました。ソーシャルワーカーは世間話を交えながら母親から聞き取りを行っていました。しばらくすると、ソーシャルワーカーがセラピストに「何かありますか？」と話をふりました。セラピストは「すみません。ここのお家には仏壇なんかというものはありますか？」と話し始めました。母親はクスクスと笑いはじめました。ソーシャルワーカーは訪問中ずっと、車の中でもずっと、「ひっ、ひっ、ぶっ、仏壇、ひーっ」と泣いていました。（このケースの詳細は【事例9】を参照のこと。）

例4――病院の外来に薬をもらいに来たある四〇歳の男性が担当医から心理面接室で面接を受けるように指示され、来談しました。その男性は、薬をもらいに来ただけだし、会社ももう休めないので、もう面接には来られないと面接に入るなり言いました。セラピストはその気持ちを受容し、「もう面接に来れないんですね。分かりました。今日一回限りで治せばいいのですね？」と共感を示しました。次に、セラピストが病院に行くと、「集中的に治したい」「今回はうまくいきそうな気がする」と言い、面接を継続しました。（このケースの詳細は【事例3】を参照のこと。）

例5――他のセラピストが担当する多重人格疑いの不登校中学生女子のケースを、セラピストは緊急で一度だけ家族合同面接することになりました。両親とＩＰの葛藤はすさまじいものでした。そして、ＩＰのせいで母親が家出したという話になっていきました。ＩＰのせいであると両親は責めたて、セラピストに共感を求める両親。セラピストはＩＰの方を見ながら「お母さんが家出したのはね……」、しばらく間をおいて、父親の方をサッと向き「お父さんのせいなんじゃないんですか？」と言いました。ＩＰと母親が微笑し、父親は沈黙しました。シーン……。その後、奇跡の質問を実施しました。このケースのその後の経過ですが、担当のセラピストによって最終的に不登校の解決がなされました。

以上の五例から述べたかったことは、**ノイズ、混乱、ユーモアというものが、シンプルに、そして、瞬時的に関係の構築やコンテクストの変化を導く**ということです。

アッカーマンの弟子のファーバーによって「米国で最も偉大なセラピスト」と賞賛され、家族療法構造派のミニューチンから「自らが家族療法を受けるならば彼に頼む」と言われたとされるカール・ウィテカー（Whitaker）という人がいました（参考として、遊佐、一九八四）。ウィテカーは、家族面接中にＩＰやその両親をほうっておき、幼児と一緒に床に座り込んで、この家族が問題を乗り越える準備ができているかどうかについてその幼児と話し合ったり、突然、面接場面で寝そべったりする奇妙な家族療法家で有名です。もしかしたら、面接場面で逆立ちをしたり、ゆでだこの真似をしたり、靴下の匂いを嗅いだことがあるかもしれないぐらい奇妙な行動を取るのです。しかし、こうした行動が有効であったことが、専門家から賞賛されていることから推察されます。

ところで、笑いを外してしまったときにはどうすればいいのでしょうか？　一つの方法はとりあえず待ってみること、沈黙を味わってみること、その次はその家族の中で気の利きそうな人に視線を送ってみること、それでもだめなら、「ゴホン！」と大げさに咳払いをし「いや～それにしてもいい天気ですね」と窓の外を見つめることです。クライエントやクライエント家族が窓に目を向け、窓の外に思いがけない出来事が起きている可能性に助けを求めるのです。私の経験では、犬が窓の外でうんちをしていたことがありました。

3 臨床場面の会話集

ここで、短期療法〝表裏のアプローチ〟を用いて面接され、VTRに記録された三事例の会話を詳細に示すことにします。多少だらだらとしているかもしれませんが、心理療法は単なる技法の集まりではなく、一連のプロセスから成り立つ有機的システムである、ということがわかってもらいたいからです。

〔1〕【事例6】七年間脱毛に悩んだ青年

次郎君は一九歳の短期大学生でした。X年五月に脱毛を主訴に私のもとに紹介され来談しました。その後、翌年の一月まで、約一カ月間隔で八回の面接が行われました。次郎君はこれまで病院の皮膚科や神経科を訪れ、脱毛が精神的なものであると判断されたという経緯を持ちます。次郎君は小学校を卒業し、中学校入学前の春休みから円形の脱毛が始まり、中学三年の終わりから現在に至るまで、ほとんど髪の毛がない状態でした。昨年（X－一年）、短期大学に入学し、八月までに一時回復の兆しを示しましたが、再び秋頃から髪の毛が抜けだし、回復は一時的なものに過ぎませんでした。また、昨年六月には急性胃炎で入院するなどということがあったそうです。家族は、父、母、兄、次郎君の四人家族です。

●初回面接（X年五月初旬）

TH　（髪の毛がなくて）一番困ることはどんなことですか？
CL　周りの人から見られるのが嫌ですね。
TH　昨年の八月頃、髪の毛の状態が良かったとき何か違ったことがあったと思うのですが、何かありますか？
CL　彼女ができたという喜びかな……こういう頭なので女の子が嫌うのではという思い込み

が今までありましたが、彼女がやさしくしてくれたもんで……気ままにしてたのが良かったのかな。［中学時代を振り返り次郎は話し始める］

ＣＬ　（ＴＨに）怒られることは何でもない。みんなの前で間違うのが恥ずかしい……完璧なとこ見せたい。

ＴＨ　気負い過ぎると良くないわけですね？

［次郎くんがうなずく］

○介入課題

ＴＨ　次回までに一つ宿題があります。気負ったら良くないようですが、それはどういうときか、またちょっと良くなったときと良くないとき何が違うか観察してみてください。

●第二回面接（X年五月下旬）

ここでは第三章４に示したフローチャートの“What's better?”の質問から始めていきます。前回の面接で観察課題を出していますから、自然にこの質問をすることができるからです。

ＴＨ　何かいいことありましたか？

ＣＬ　別に……。

TH　こういうとき楽しかったとか、こういうときあまり（髪の毛について）気にならなかったというのは？

CL　車のサークルのツーリングに行ったのが結構楽しかったです。

肯定的側面に焦点を当てたあと、奇跡の質問を試みていきます。否定的側面について話した後よりも、肯定的側面について話した後のほうが奇跡の質問がうまくいく場合が多いからです。

TH　イメージして欲しいんですけど、寝ている間に、もし奇跡が起こって、髪の毛が全部揃っている。そうしたら、生活でどこが今と違うと思いますか？

CL　（困惑した表情を示しながら）まず、帽子をかぶらなくてよくなるだろうと思うし、人目を気にしなくて歩けるようになるだろうし……。

TH　他に何が今と違うと思いますか？

CL　外に出るのが楽しくてみんなに見せたいと思うんじゃないかな。

TH　髪と関係ない行動としては？

CL　やっぱり外に出ることが楽しく思う。

TH　その時、どういう気持ちですか？

CL　うれしい。

TH　楽しい、うれしい？

以下、治療目標を明確化し、良循環＝例外的行動パターンを探す手段としてスケーリングを行っていきます。治療目標を明確にすることはクライエント自身が自らの変化に気付くことを促すものだからです。

TH　今、そういった楽しいときを10ポイントで聞きたいんですけど、前回を0として最高の楽しい状態を10として、今いくつですか？
CL　3かな。
TH　いくつになったらもう大丈夫だなと思いますか？
CL　10あったら、10ほしい。
TH　前回0で今回3ですが、その違いは何ですか？
CL　んー。
TH　前回から今日までの生活で何か変わったことは？
CL　変な話なんですけど、彼女と別れたことについてあまり考えなくなりました。諦めがついた。さめて楽になりました。
TH　今、いいなと思う人は？

CL　この間、地下鉄で女の子に呼び止められて話をしました。誰かわからなかったんですけど今でもわかりません。［THとCL笑い］。でも結構かわいかった。他にも最近女の子の友達が増えました。そんなことで最近深く考えたり、どよんとした気持ちはないです。

TH　そういったこともあって最近いいわけですね？

CL　ここに通いはじめて自分でもがんばってるし。

TH　どうですか実際、髪の毛の状態は？

CL　最近抜けないし、産毛もあるな、あるなって感じですね。

ここで良い状態について語られたため、その状態が維持されるパターン（良循環）を探索していきます。

TH　それはどういうことの影響だと思いますか？

CL　毎日の生活を規則正しくすること、程々遊んで、バイトで喋って、後輩に（仕事を）教えて、やってもらって、身体も疲れてなくていいふうにいいふうにいくんじゃないかなーと。

次に、悪い状態に対する対処パターン（悪循環）についても探索していきます。

TH　今まで抜け始めたとき、どうやって対処してきましたか？
CL　もうしょうがないや。あきらめる。
TH　気持ちの面では？　家族の方とかどういうふうに接してきましたか？
CL　また抜ける、嫌だなー。友達とか親に「また抜けてきたんじゃない？」とか言われるとガーン。やっぱり、見た目にもわかるのかと。

悪循環について探索した後は、良循環についての話に戻していきます。悪循環の探索は否定的な出来事を多く語らせますので「やっぱりダメなんだ」と意気消沈させる危険性があるからです。

TH　今いい状態なわけですけど、なにが良かったと思いますか？
CL　人に気を使わず自分の思ったことをやる。自分の思ったことをやっても後悔することってありますよね。例えば学校休んでやっぱり行けば良かったなーというような後悔があるといかんと思います。
TH　具体的に最近はどういうことがありましたか？
CL　土日が休みで、月曜日学校に行くのが嫌だなと思うとき、前は休んでたけど、最近は月曜日に行って、今日は疲れているのに学校に行った、授業も聴いたという、良くやったという感じがあったんですよね。

ＴＨ　土日友達と遊んで休みに発散して、そして月曜から新たに学校に行って充実感があるっていうのもいいかもしれませんね。

さらに良循環の拡張（＝do more）について話を進めていきます。

ＴＨ　土日を充実させるにはどうすればいいと思いますか？
ＣＬ　車ですね。あと、バスケットと魚釣り。
ＴＨ　他に充実させるには？
ＣＬ　そうですね。やっぱり異性関係かな。［ＴＨとＣＬ笑い］バイトの子と話したり、周りによけいおるもんで、話すだけですけど。

以下、リフレーミング（一五七頁に詳述）を用いて問題に対する対処行動の変化を狙っていきます。

ＴＨ　人気があっていいですね。人気の秘訣は何ですか？
ＣＬ　よくしゃべるのと、明るいからじゃないですかね。でも、そういうの、恋愛対象にされないんですよね。よくいう三枚目ってやつですよ。本で信頼から恋愛に変わるっていうのがあって、何かこれ意味分かるなーって思って、何か例えば女の子から相談されている間にお互いが好きになってしまう、というのが書いてあったんですけどね。

TH　結構信頼されるタイプじゃないの？

CL　どうかなー。この間二カ月くらい前だけど、いつもみたいに世間話してたら彼氏の話になって、結局励ましたら、次郎ちゃんて頼りになるんでいいって。それは他の人から聞いたんですけど、女の子にそう言われるのははじめてなもんで。

○介入課題

TH　いかに土日を充実させるか、それだけを次回までに考えてほしい。そこに集中させて、どれだけ充実させたかを聞かせてほしい。どういう充実をさせたときに月曜日授業に出て、あー授業に出て良かったなーと思うかを観察してみてください。

以下の面接では、第二回面接と同様な方法を繰り返していきます。

●第三回面接（X年六月下旬）

○良循環の拡張＝do more

TH　前に課題を出した土日を楽しむというのはやっていますか？

CL　どうしたら充実するか友達に聞いたら、身体を休めることも、遊びに行くのも充実だと。

TH　つまり、自分で感じるものだからね。充実というのは。
TH　学校とかは充実して行くんですか？
CL　たまに日曜日遊びすぎて次の日休んだことがあった……でもまあ行けば行ったなりに「よし！」と思って帰ってこようとはしてます。
TH　一番最初にここに来たときを0として、前回3と言われましたが覚えていますよね？　この一カ月でいくつくらいになりましたか？
CL　土日まだ持て余してるけど、やり初めだから。今までそんなこと考えていなかったので少し前進したかなと、だから3・5か4ですね。
TH　0・5や1の進歩はどういうところにあったと思いますか？
CL　一日終わる前に今日は何をしたかを考えるようになりました。

○悪循環の探索

TH　今まで髪とか抜けてきて、生えてこないわけですよね。それはどういうところが悪かったと思いますか？
CL　難しいですね。
TH　つまり、心理的なことだということで、前に気負いすぎると良くないという話がありましたが、他には？

ＣＬ　気がちっちゃいっていうか、みんなの前で緊張します。例えばみんなの前で指されたり、言ってみたりするときに……間違えると恥ずかしいんで……。

○良循環の探索

ＴＨ　ちょっと話変わりますけど、今日来られて実際（髪は）どうですか？　前回と比べて？
ＣＬ　産毛が生えてきました。たぶん生えてくると思うんですけどね。
ＴＨ　それではもし、もっともっと生えてきたらどういう行動をしていると思いますか？　何気ないことでも。
ＣＬ　もっと明るくなる。
ＴＨ　具体的には？
ＣＬ　初対面の人と話せるとか、明るく接すると思う。
ＴＨ　今でも治ったときをイメージしたときの行動っていうのはありますよね？
ＣＬ　うーん、そうですね。変な話、この間ナンパしました。駄目だと思ったけど、仲良くなりました。

○リフレーミング

ＴＨ　その時はどうしてそういうことができたんですか？

CL　うーん、自分でも驚いてる。
TH　すごい変化じゃないですか？
CL　ほんとうに自分の中ですごく変わったと思います。俺でもできるんだな、人はそこまで髪のことを見てないんだな、気にせんでもいいのかなって思うんですよね。話をすればそうやって思われないっていう自信はあるんですよね。
TH　前にも聞いたと思うんですけど、何を目標に置きますか？　目標として例えば髪の毛だったら全体の半分とか五割とか？　半分と五割一緒ですよね。［笑い］八割とかそういう具体的なもの行動面などでも聞いておきたいんですが。
CL　今が三割だとしたら五割、六割、半端なとこで六・三割！
TH　六・三割！　書かないと忘れてしまう！［THとCL笑い］

○介入課題

TH　あと課題ですが、自分の決めた休みの日を充実させて、そして学校と就職活動を頑張るという生活の良いパターンを続けてみてください。

●第四回面接（X年七月下旬）

TH　何かこう、いいことありましたか？

CL　僕と同じ歳くらいの人たちと仲良くなって遊びに行きました。海へ。あと、誕生日に四人で食事に行って、カラオケ行って、バイトの女の子といい感じになりました。でもその子には彼がいる。そして、プレゼント貰いました……今月はいろいろなことありましたよ。

○リフレーミングとコンプリメント

TH　いいことがたくさん起こっていますが、それはどうしてですか？

CL　僕は三枚目ですけど良く喋る。とんちんかんなことやってて、ふと見るとちょっと違う自分がいて、こういう人なんだなーって……。

TH　なるほど。次郎君と他の人の違いは何でしょうか？　例えば表情とかしゃべりとか……それを自分では分かっていると思いますが、教えてもらえますか？

CL　ナンパのときはとにかく笑わせようとしてます。

TH　笑わせようというのは気を使うってこと？　つまり思いやりがある？

CL　そうですね。

TH　他には？

CL　あとジェスチャーが大きくて、身振り手振りが多くて、それがおもしろく見えるらしい。

TH　課題を出してるよね、最近はどうですか？

CL　充実してますよ！　頭のことなんて考えない。
TH　いいですね。前は10ポイントで3・5か4と答えたけど、今いくつ？
CL　6！
TH　もう一つ確かめておきたいんだけど、前に頭の六・三割を髪の毛がしめるのが目標としましたが、つまりそこが10で今いくつですか？
CL　6。
TH　そうしたら前より2・5から2上がってますけど、何が良かったんですか？
CL　頭のことをいっさい考えなくてすむようになった。例えばナンパに行っても気にせずやれるし……。
TH　7になるとどういうことが起こってくるかな？
CL　7になると？……んー、どうだろう。それが目に見えて分かれば7だと思う。

○介入課題

TH　それでとりあえず課題出しておこうか。えーっと、それで今のいい環境をもっとさらに推し進めることが一つ。もう一つは10つまり六・三割になったつもりで一カ月行動してみてください。振る舞ってみる。ぜひやってほしい。できそう？
CL　難しいけどやってみます！

●第五回面接（X年九月初旬）

TH　前回から今回まででほんのささいなことでも、良かったこと、あるいは自分が一歩進んだことっていうのがあると思うんですが探し出してみてください。

CL　一歩進んだっていうと八月に入って自分を慕ってくれる後輩ができたということですか。一緒にナンパに行ったり、車で走りに行ったりして「次郎ちゃん、これやって！」とか慕ってくる。

TH　その後輩が慕ってくる。それはどうしてなんでしょうか？

CL　バイト先の作業のことを教えてあげたり、できるだけのことをやってあげるようにしてるからかなー。

○否定的出来事の対処可能性について

CL　失敗を苦にせずやっていけるのがいいと思う。

TH　今までにそういう経験、対処してきたことはあると思いますが？

CL　ナンパは基本的にそうですね。

TH　そういうものごとを気にせずに、やれるところを拡大するにはどうすればいいかな？

CL　何かあったとき、自分のやり方はこう！　周りがなんと言おうとこう！　というやり方を身につけることだと思う。

ＴＨ　前回が6、一番最初を0としてるわけだけど目標は髪の毛が頭部の六・三割をしめることであると言いましたが今いくつですか？

ＣＬ　今、頭のことを考えていないんで、前回の方が目新しいことが続きましたが、今は進んでいないので6ですね。

ＴＨ　6のまま維持してこれたのはどうしてだと思う？

ＣＬ　就職活動もやってるし、彼女のことも好きだし、悪くなってない。

ＴＨ　水戸黄門の歌にあるように人生山あり谷ありだと思うけど、いつも10に見える人でも今は3、今は7ということがあるけれど、平均して最低いくつまでなら自分でやっていけると思う？

ＣＬ　今6で、3でやっていけますね。

ＴＨ　すごいですねー。そうしたら過去の自分と今の自分を比較して、一番悪い状態に耐えられる耐性はどうですか？　今は3だけど昔の自分はいくつまでしか耐えられませんでしたか？

ＣＬ　たぶん前の方がひどいと思う。少し嫌なことがあれば駄目だったから、5か4でしょうね。

ＴＨ　今までに目標立てて何かやったこととかあると思いますが、ありますか？

ＣＬ　あまりないですね。

ＴＨ　今回の課題として、目標を立てて何かやってみてください。何か今、目標を立てたいことがありますか？

ＣＬ　恋人を作ることかな。

ＴＨ　でも目標を立てて何かするということは困難がつきまとうと思いますが、自分を高めることができたり、人を気にせずいけるということもまたできると思います。また、目標っていうのは達成されないかもしれない。でもそれを無駄にしないにはどうすればいいか考えてほしい。

○介入課題

ＴＨ　次回までの課題として目標を決めてもらえますか？　自分が良くなるにはどういう目標を立てて達成すればいいかを考えてほしい。もう一つは今までと同じく充実する生活を送ってください。

●第六回面接（Ｘ年一〇月初旬）

○解決後の具体的行動の明確化

ＣＬ　何をどうすればいいかっていうことでしたけど、いろいろ考えて帽子をとって歩ける、とれるようになってるっていうのが……。

ＴＨ　それはいいですね。帽子をとって歩けるにはどうしたらいいと思いますか？　具体的には？

ＣＬ　ズバッと言えば人の目を気にするなということですかね。だいぶフサフサになってきましたからね。

ＴＨ　あのー、また話し戻りますけど、人を気にしないようにするというのは一番最初にここに来たとき0として今いくつぐらいですか？

ＣＬ　髪の毛もこうして増えつつあるんで、全然知らんとこで帽子とれって言われるとまだ嫌ですけど、別に知ってるとこならだいぶましになってきました。上が10なら4ですかね。まあ最近あのー、髪の毛が増えてきたら帽子を浅くかぶるようにして、ちょっとずつみんなに見せられるようにしていきたいなと思っています。

○介入課題

ＴＨ　それじゃーいろんないいことがでたんですけど、いままでどおり、日々の充実を心がけて、自分でこう……考えてしまうことありますよね。そんなとき、自分にとってそれがこの先どんなメリットになるか考えてみて下さい。考えることがなかったらそれはまたいいことなので。

第七回面接（X年一一月初旬）

本面接までに、次郎君が好きであった女性が結婚してしまうという次郎君にとってとても辛くてショッキングな出来事が起きていました。そこで否定的な出来事をリフレーミングしていくよう心がけて面接を進めることにしました。

TH　彼女のこと、良くないことあったにもかかわらず、生活や学校のことがやってこられたわけだけど、これはどうしてやってこれたんでしょうか？

CL　いつまでもくよくよしてていかんなーと思ったり、ここでしっかりしなー、へなへなしてるのを彼女が見たらみっともないしがんばらなーと思って、周りに人がいるから落ち込んでいるわけにもいかんし。

TH　生きているとどうしても突然の出来事があって、どう対処して良いか分からないということがあります。これからもそういうこと出てくると思うけど、今、少なくとも一カ月前に約束してここに来られてるっていうのはすごいと思います。他に問題はありますか？

CL　別にないと思います。あとはみんなに「髪の毛が増えたんじゃない？」とか言われます。

TH　そう言われたらどう？

CL　うれしいけど、そうかなーってごまかしちゃいます。写真とか見るとやっぱり違いますからねぇー。

TH　自分でこう前回、人目を気にしないようにするというモノサシで、全く気にしなくなったを10、一番最初にここに来た状態を0として前回4だと言いましたが、今どのくらい？
CL　んーっていうか、今も帽子を脱いだら知らない人の前では気になる。パスポートで写真撮るとき嫌だなーって思っちゃいました。まだだめだなーって。
TH　それはどうしても思っちゃうよねー。何ていうの、周りの人より本人は気になると思いますよ。ところでどっか行くの？
CL　来月、短大の研修でイギリスに行きます。
TH　じゃあ、とりあえずこれからの生活で課題は何ですか？
CL　検定試験が近いので学校にしっかり行くことと英会話を勉強していくことと、あと別に……、今彼女も前より欲しい欲しいと思わんなったし、おったらおったでいいけど、クリスマスも近いことだし。金曜の夜に飲み会あるし、また最近いろんなとこに遠出してナンパ行ったりして楽しんでるんで。ナンパしてポケベルの番号聞いて電話して遊園地に行って、楽しく遊んできました。
TH　ナンパして結果出してくるなんてすごいなー……いいなー。
CL　えっ！
TH　いや別に……何か聴いた？［CL笑い］
CL　いいえ何も！

TH　なかったことにしてね！［CLとTH笑い］
TH　何かあれだね、すごく充実した生活送ってるね。ナンパなんてすごいよ！　どんなに勇気がいると思って。

○介入課題
CL　最近、おっかーがテレビで見たとかでマッサージしてくれるんです。
TH　それはいいと思いますねー。お母さんにもけっこういいと伝えておいてください。［CL笑い］あと、今までどおりとにかくこれまで続けてきた充実とかね、そういうのはどんどん目標が出てくると思うんでそれに対して充実した生活を送ってください。あと、もし考え込んだとき、もしそういうことがあったら、とことん考えてみて、これを自分の中で大々的に取り上げて追求してみてください。

●最終面接（X＋一年一月初旬）
○肯定的物語を構成し、終結に向ける
CL　もう最近、急にバーッと伸びてきましてね。
TH　良かったですねー。
CL　冬休みに入る前、だいぶ生えてきたなと思って明けてみたら「あれ！　こんなになってるわ」とかってみんなが言ってくれるんでうれしいんですよ、すごい。

ＴＨ　もう、かなり……。私自身は次郎君に言うことは何もないね。［ＣＬ笑い］言うことはほんとにねー、いろいろ課題とか出してきましたけど、点数とか聞いていましたが、とりあえず点数を聞いておきましょうか？

ＣＬ　けっこうきてる！……８！　もっと上いってもいいかもしれんけど。

ＴＨ　10っていうのが最高の状態で８っていうのはすごくいいと思います。そうだね、これから今年の抱負なんか聞かしてもらおうか？［ＣＬとＴＨ笑い］

ＣＬ　んー、就職決まりまして。

ＴＨ　決まったの？

ＣＬ　四月から○○社の営業をやることになりまして、正月も大吉でしたし、今年はいいことあるぞ！　と思ってたら車が壊れた！［ＴＨとＣＬ笑い］

ＴＨ　そうしたらとりあえず、あとは次郎君は時がくれば大丈夫だと思うんで。

ＣＬ　そうですね。

ＴＨ　目標の六・三割は確実にいきましたね。それどころじゃないね。でも、われわれ男はまた髪には悩まされるよ！［ＣＬ笑い］

このケースは第一章❷でフォローアップとして挙げたケースの一つです。

〔2〕【事例6】の解説

以下では次郎君のケースから四つの重要なポイントについて解説しておきたいと思います。

①物理的問題を行動的側面に結びつけること

次郎君のケースでは、脱毛の状態が七年間続いています。次郎君にとっての問題は「髪の毛がない」という客観的・物理的なものであり、こうしたケースでは「髪の毛がないことに付随する行動的側面」に結びつけることが必要です。こうした結びつけをするための質問をセラピストは初回から第七回面接まで通して行いました。それに伴い次郎君は解決に向けた行動として具体的行動を明示しています。例えば、「(髪の毛がなくて)一番困ることはどんなことですか?」「イメージして欲しいんですけど、寝ている間に、もし奇跡が起こって、髪の毛が全部揃っている。そうしたら、生活でどこが今と違うと思いますか?」というTHの質問に対して、CLは「まず、帽子をかぶらなくてよくなるだろうと思うし、人目を気にしなくて歩けるようになるだろうし……」と答えています。また、THの「他に何が今と違うと思いますか? 髪と関係ない行動としては?」という質問に、CLは「やっぱり外に出ることが楽しく思う」、THの「それではもし、もっともっと生えてきたらどういう行動をしていると思いますか? 何気ないことでも」という質問に、CLは「もっと明るくなる。初対面の人と話せるとか、明るく接すると思う」と答えています。

②悪循環と良循環──問題を支える対処行動パターンと例外を支える対処行動パターンの探索

このケースでは、**問題を支える対処行動パターンを探る質問**（例えば「今まで抜け始めたとき、どうやって対処してきましたか？」「気持ちの面では？　家族の方とかどういうふうに接してきましたか？」「今まで髪とか抜けてきて、生えてこないわけですよね。それはどういうところが悪かったと思いますか？」など）と**問題に対する例外を支える対処行動パターンを探る質問**（例えば、「昨年の八月頃、髪の毛の状態が良かったとき何か違ったことがあったと思うのですが、何かありますか？」「前回0で今回3ですが、その違いは何ですか？」「今いい状態なわけですけど、なにが良かったと思いますか？」「0・5や1の進歩はどういうところにあったと思いますか？」「今でも治ったときをイメージしたときの行動っていうのはありますよね？」「その時はどうしてそういうことができたんですか？」「いいことがたくさん起こっていますが、それはどうしてですか？」「そうしたら前より2・5から2上がってますけど、何が良かったんですか？」「6のまま維持してこれたのはどうしてだと思う？」など）の**同時並行的使用**を行いました。〝表裏のアプローチ〟です。介入するための情報量が増加することで、より治療効率が高められることが狙いです。

また、良循環的行動パターンを探索する手段として、さらに、問題の明確化とセラピーの進展を評価する手段としてスケーリングが有効なツールであるということが面接のプロセスから確認されると思います。

③逆説（パラドックス）による拘束——治療的二重拘束

第二回面接から一貫して推し進めた良循環を支える行動として「日々の充実」というものがありましたが、これに対して次郎君はどうしたら充実できるかということを友人に相談し、「身体を休めることも、遊びに行くことも充実である」と言われたことを話します。これは次郎君自身によって自らを拘束する結果を導くことになってゆきます。つまり、何をしていても充実していることになるからです。充実＝良い行動パターンなわけですから、良い行動パターンが拡張されているわけです。

また、第六回面接の介入課題での「考えてしまう」ことに対する「この先でのメリットについて考える」ようにというパラドックス、そして第七回面接での介入課題において次郎君自身が否定的に意味づけている「考え込んでしまう」という行動に対して「考え込んだときはとことん考えてみるように」というパラドックスをセラピストは使用しました。この課題の後、次郎君の「考え込んでしまう」という行動は消失しています。

以上のパラドックスを含む本ケースの治療的拘束の全体的構図を次のようなものであると考えられます。①まず「良い出来事」の意識化を求め、良い出来事は「髪の毛の状態の良さ」と関係づけられました。また、②「悪い出来事」は「この先のメリットになる」という前提がおかれました。③「考え込んでしまう」という次郎君にとっての否定的出来事は治療的パラドックスによって「どのようにこの先のメリットになるか」を考えるように指示されました。④「考え込むこと」は「この先のメリットになる」という前提のもと肯定的出来事として解決に結びつけられました。また、⑤「考え込まないこと」は良い出来事として、解決に結びつけられました。

最終的により多くの次郎君自身の行動が、解決へと方向付けられるという構図を会話の中で構成させたと考えられるのです。

④物語を拘束する

このケースではセラピストのさまざまなリフレーミングによって、次郎君自身についての人生物語を肯定的な物語へと導く援助が行われています。ここで言う人生物語とは患者のトラウマティックな体験についての物語ではなく、次郎君自身の行動とその評価についての物語を意味しています。現在起こっている出来事の肯定的側面を意識化させ、否定的出来事を乗り越えられることとしてリフレーミングすることで、未来の見通しを〝素晴らしいもの〟とするきっかけを会話の中で構成していきました。そこで用いられたリフレーミングは「人気の秘訣は何ですか？」「信頼されるタイプじゃないの？」などでした。それに対して次郎君は「良くしゃべり、明るい」「次郎君て頼りになるんでいいと言われた」などと述べ、新たな人生物語が創造され始めているということが推察されるのです。

〔3〕【事例7】呼吸困難と健忘を訴えるOL

ＩＰは、三〇歳のＯＬであり、現在一人暮らしをしています。主訴は健忘および呼吸困難です。

（以下、セラピストをＴＨ、クライエントをＣＬと記述します。）

●第一回面接

ＴＨ　とりあえず私は何も分からないので。記憶に問題があるとは伺ってはいるのですが……。

ＣＬ　記憶ってことではありません。去年の八月くらいから呼吸が苦しくなって、浅い息しかできず、深呼吸ができないんです。普通の息も苦痛で。朝から晩まで、さらに寝てるときも。八月から一週間くらいそれが続いて、それから一週間は止んで、また二週間くらい苦しくって。それが一〇、一一月まで続いていたんです。苦しいから窓を開けたりして寝ていたんですが、二月くらいからまたなったんです。しばらく止んでて。

ＴＨ　しばらく？

ＣＬ　二、三カ月くらい。

ＴＨ　えーっと、一一月まで続いていて……。

ＣＬ　それからは、普通になって、あー治ったって。

ＴＨ　もう一度聞いていいですか？　一一月まで……。

CL　一一月、一二月はじめくらいまで。
TH　それでまた二月。
CL　二月か一月の終わりに。それで、どうしても苦しいので病院に行ったところ、喘息ですと言われて。「ストレス溜まってますか」と言われたんですが、エーとか思って。それで、そこで風邪をうつされてしまい、咳がひどかったので、会社休んで病院に行ったとき、肺活量とか測られ、「他に気になることとかありますか」と言われたので話したところ、「心臓かもしれない」と言われ、○○病院に紹介されました。心電図とか測られたけど、(結果は)すぐに分からないし、二四時間測らないと分からないと言われました。でも、△△に住んでて通えないし、会社にも迷惑かかるから、そのことはとりあえずほっといたんです。それで、「精神的なものじゃないの」と言われたんですが、分からないんです。どうしてこういうふうになったんだろう、どうしよう、どうしよう、会社が、と思っているうちに、呼吸は楽になったんです。
TH　それはいつ頃ですか？
CL　三月くらいです。それで治ったなーと思っていたら、買い物とかの時、車を置いたところを忘れたり、髪を洗ってリンスを落としたか落とさなかったかを忘れたりして。元々忘れっぽかったけど、書類とかを頻繁に忘れるようになって、どこに置いたかも、見たことあるかないかすらも思い出せないんです。

TH　三月くらいに治ってからすぐですか？

CL　うー、うん。すぐです。（間）日常的なことも忘れるようになって。「ハンバーグ」とか思い出せなくなって。そのものを見て、これ確かにハンバーグかなって。

TH　そういったことが比較的多い日と少ない日ってありますか？　あると思うんですよ。（間）何曜日が多いとか。

CL　わかんない。

TH　じゃあ、今週は多かった先週は少なかったとかありますか？

CL　続くときは続くんです。

TH　例えば、朝御飯を食べたときは少なかったとか、夜早く寝たときは物忘れが少なかったとか。

CL　眠る時間はいつも同じ一一時なので……。

TH　一番物忘れがひどい時を0、他の人と同じくらいの物忘れの程度になってこのくらいならやってける時を10とします。今いくつですか？

CL　4。

TH　仮にこれが4から5に上がったとき、生活で何が変わっていますか？

CL　安心できること。

TH　安心できるとき、何をなさっていると思いますか？

CL　ん？

TH　（点数が）上がったとき、生活で何か違ってくると思うんですが。安心感は目に見えないけれど、どこか目に見えることが変わると思うんです。何が変わってきますか？

ここではWhat's better?の質問やスケーリングを用いた質問にCLは答えることができませんでした。こうした場合は、**一般的に答えやすい質問に戻し、再び表裏のアプローチに基づいた会話に戻していくのが一つの方法です。**

TH　ところで、ご実家に住んでいらっしゃるんですか？

CL　いえ、一人暮らしです。

TH　ご実家はどちらですか？

CL　実家といっても、父母は別々に暮らしてて、兄も結婚して別に暮らしてます。

ここで家族について否定的なコメントがでてきました。THは意図的にこの話題を流すことにしました。それは現在の症状の原因が家族関係にあるという意味付けを行うようTHが促してしまうようにとられる危険性があるからです。THというのはCLからみると専門家なわけですから、その影響力は非常に強いものです。

TH　そうですか。それで物忘れがひどいとき、どうにかしようとしますよね。
CL　ええ。
TH　どうなさってきましたか？
CL　自分の生活は何とかなると思うんで、会社で、どこに何をしまったかを全部ノートに書いてます。
TH　他には？
CL　伝えなくちゃいけないことを忘れないように、いつも頭の中で考えている。忘れたらどうしようとか思って。［予期的不安］

クライエントの予期的不安を捉えることはセラピストにとってとても重要です。神経症症状の多くはこの予期的不安が症状の発生をエスカレートさせるという悪循環になっていることが多いからです。

TH　物忘れしたときに何か言われたりしましたか？
CL　妹が、私を忘れっぽいやつだと思ってる。
TH　忘れっぽいことで何らかのメリットがありますか？
CL　嫌なことも忘れます。喧嘩しても、何か別のことをやると、喧嘩したことを忘れて相手としゃべってしまう。会社で結構いろいろあったけど、忘れるのが一番と思って忘れたけれど……。

TH 忘れることで会社が長続きした。

CL そうです。仕事が見つからない時期があって、今やめても就職できないだろうと思って。

TH 特に忘れやすい事柄、カテゴリーってありますか？ 例えば食品について忘れやすいとか、対人関係について忘れやすいとか。

CL 対人関係でも内容によります。すごく嫌なことは忘れやすい。

TH 対人関係の中で適応するために必要なのかもしれませんね。

CL で、会社で嫌な人が辞めることになったんです。それで、周りの人は「うれしいでしょ」とか言うんですが、うれしいとか感じなくって。

TH つまり、トラブルの相手が辞めることになって、周りの人からそういうふうに言われたけれど別にどうでも良いと……。

CL どうでもいいって言うか……。

TH 例えば今日宿題というか課題を出したとき、やる気がないを0、とてもやる気があるを10としたとき、どの位になりますか？

CL 10ですけど、細かいことだと忘れてしまうかも。

TH お話を伺っていて、一回目としては整理がついていると思います。それで、課題なんですが、変な課題なんですけど、是非やっていただきたいんですが、どうでしょう？

CL　一人でできることですか？

TH　ええ。次回まで二週間あいだを空けたいと思うんですが、その間にやっていただきたいんです。サイコロとかありますか？

CL　ないです。

TH　十円玉はありますか？

CL　あります。

TH　では、十円玉を投げて表が出たときに課題をやりますか、裏が出たときにやりますか？

CL　表。

TH　前向きですね？（間）なんか余計なことを言ったかも……。

CL　何か表の方が華やかな感じが……。

TH　では、朝、十円玉を投げて表であった時、一日に一回。［以下の**ゴチック部**は介入課題の提示］

CL　一回。

TH　わざと。

CL　わざと。

TH　**そそっかしい（間）ど忘れをしてきてもらいたいんです。（間）わざと一つ忘れてもらい**

たいんです。重大でない物忘れを是非やってきていただきたいんです。できますか？
CL　間違うんでなく忘れるんですか？
TH　ええ。間違ったことは、忘れたせいにしてください。できますか？
CL　……。
TH　一日一回、会社で結構です。できますか？　それでは、もし裏表が面倒であるなら、一週間に例えば月曜と木曜でも、とにかく二回やっていただきたいんです。
CL　ええ。
TH　何をやるか、今決めておきますか？
CL　はい。
（十円玉を取り出す）
TH　こうしましょう。土日はお休みで、表が出たら月曜と水曜、裏が出たら火曜と木曜にしときましょうか？
CL　これは相手が分からないといけないんですか？
TH　いや、分からないように、ほんとに間違えたようにしてください。
CL　相手が、間違ってるってことを分かるようにやるのですか？
TH　そうです。わざと軽い間違えをして、「あっ、間違えた」というふうにやってください。今やっておきますか？

（十円玉を投げる）

CL　表です。

TH　じゃあ、月曜と水曜にしましょう。課題を忘れたら忘れたで構いません。

CL　課題を忘れたかを書いておくのですか？

TH　え？　ああ、何をやったかは書いておいてください。あと、もう一つ課題があるんですが。比較的忘れが少ない日と比較的多かった日をチェックして欲しいんです。例えば、つまらないことでいいんですが、パンを食べた日は少なかったとか、観察して、できれば書いておいていただきたいんです。

CL　日記みたいにですか。

TH　ええ。あるいは、一週間を振り返って何曜日が多かったとかでもいいです。何か書いていただきたいんです。是非お願いします。他に何かこれは言っておきたいと思われることは？

CL　特に……。

（この後、次回面接の予定を決める。三週間後ということに決まる。）

TH　面接を忘れていただいても構いません。忘れたときは電話で「忘れた」と言っていただければ良いです（笑）。奇妙と思われるかもしれませんね。何でこんなことをすると思いますか？

CL　わざとやるときは、わざとじゃないときより冷静でいられる。
TH　いい線行ってるんじゃないですか。それをこれから探っていきたいんです。

以上の介入課題は、症状－予期不安、予期不安－症状という悪循環を切断することを意図したものです。

●第二回面接

本面接から新たにサブ・セラピスト（男性）を加えることとしました。それは、第一回面接のVTRを検討しながらのスーパーバイズにおいて、また、セラピストの面接についての感想から、転移感情を示しやすいヒステリー傾向を持つクライエントと見なされたためです。（以下、新たに加わったサブ・セラピストをSと記述します。）

TH　三週間のあいだどうですか？
CL　普通の人程度です。
TH　ひどいときが10で、理想の時が0と、この前言いましたが、前回は？
CL　6、7。
TH　今回は？

CL　1、2。

TH　すごいじゃないですか。

CL　他人が忘れたものまで自分が忘れたかのように思っていたことに気づきました。家ではこんなに忘れないのにと思って見ていたら、それに気づきました。［問題に対する認識の変化、あるいは洞察］

TH　Sはどう思いますか？

S　今日雨降ってますけど、予想つきませんか？

CL　傘ですか？　私、あまり忘れ物しないんです。傘は忘れないし。

S　僕は一日に三回忘れたことあります。

TH　ハンバーグ、分かります？

CL　ええ。（笑い）

TH　他人の忘れ物まで責任負ってたから忘れちゃいけないと思っていたんでは？

CL　そうだと思います。

TH　この前の面接の後に、そんなに忘れないのに人より気にしすぎるって話をしたと思いますが？

CL　憶えは悪いですが、忘れることはないと思います。「忘れないよね」って言われることもあります。［問題に対する認識の変化］あと、またこの前の面接から一週間位して呼吸が

TH　苦しくなったんです。どうも息がすーっと入っていかないんです。一回だけすーっと入っていきましたけど、それだけで後はどうしても入っていかない。
CL　すーっと入っていったとき、何が違いましたか？
TH　その時は友達と話したあと、台所に立ったとき一回できたけど、あとは駄目です。
CL　昨年の八月からそうなったと言うことですが、生きてこられた。
TH　えっ、ええ。
CL　呼吸が苦しいのは大変ですよねー。
TH　ええ、大変です。
CL　それをどうやってやってこられたのですか？
TH　死ぬときは死ねばいいと思いますが、息苦しいからがんばって息しようって。［予期的不安に対する対処行動］でも、夜中に息苦しくて目覚めることはなくなりました。
CL　そのことについて、一番ひどい時を0、理想を10とすると、今は？
TH　今は1か2です。一週間くらい前は4〜6でした。
CL　4から1、2に上がったとき、何が違いますか？
TH　テトリスやっていると苦しくなります。
CL　あれをやっていて私もおかしくなりました。
TH　（笑い）この間言われて、苦しくなるときは何かあるはずと思っていて、それで気づいたのがテトリス。

TH　テトリスをどうしてもやりたくなるのはいつですか？

CL　夜のバイトに週二、三回行っているんですが、行きたくないときやってます。やってると行きたくなくなるからどっちがどっちか分からないんですが。

TH　バイトはいつも行きたくないというんじゃないんですか？

CL　前は行きたくない時があって、体調が悪いとかいって休んでいたときがあった。でも、（今は）行きたくないと思うこともないし、テトリスをやる回数が減って、行くときはやらないと決めたんです。

TH　なるほど、どっちが原因か分からないけどやめようと思ったんですね？

CL　テトリスも問題ですが他にも、人間関係とか、問題があって［問題の変化］、家にいたいとかも思ったこともあったけど、そうも言ってられないかとか思って。（間）なんかよく分かりません。

TH　対人関係がということですが、私もうまくない方なんです。アドバイスはできませんが、もう少しお話ししていただけませんか？

以下、THはCLの行動が決して異常なのではなく、正常で一般的であるという意味付けを与えるように心がけ面接を進めていきます。短期療法では人間を異常と正常に分類することをしません。

「異常な行動をすることもあるし、正常な行動をすることもある。それが人間だ！」という見方をするからです。

CL　みんなと話が合わないっていうか、考えることが違うのかな。（間）一つの話をしていても、人によって見方が違いますよね。私は人それぞれでいいと思っているけれど、考えを押しつけてくる人とはうまくいかない。「私はあなたを認めるから、あなたも私を認めて」というのが私の考えなんです。一対一なら良いんですが、一対五で私だけが他の人と違う考えを持っていた時があって、それで「考え変えなさい」と言われて。それから、しばらくしてバイトに行く時、訳も分からず涙が出てきて。お店に着いてもおさまらず、今日は帰してくださいと言うことになって。

TH　そういう集団の圧力ってありますよね？　そういうとき、どのように対処なさっていましたか？

CL　そういうのはいじめじゃないんですけど。はっきり何かを言われるんじゃなくて、仕事をしている中で「えっ、何で？」って意見の違いがでてくる。それで、逃げちゃうか、でもきついことも言っちゃったり。

TH　そういう他の人を変えるのは難しいと思います。それでも、今後そういう人たちと接して行かなければならない？　うまく合わせていかなければならない？

CL　私はそれができないんです。そうした人とのずれがあって人とうまくできないんです。ある程度我慢してたことがあっても、言っちゃうんです。集団にいないと気が済まない人で、あっちこっちで人の悪口を言っているような人は、もう話すらしたくないってなるんです。

TH　周りの眼を気にするようになってきて、その人の個性を消してしまう人もいれば、私は私といって生きていく人もいますよね。でも日本は周りを気にする社会ですから、周りを変えようとは思わない。大きい問題ですね。

CL　日本て、政治家でも周りを気にする人が多いですよね。

TH　話がずれているかもしれませんね。これから、嫌な人とも接していかないといけないと思いますが、その時自分が落ち込みすぎないようにやっていくためにはどうすればいいと思いますか？

CL　うまく世間と歩調を合わせながら、でもいつも合わせてばかりいると、どうしても合わせられない時にいろいろと言われるから、そこら辺をうまくいかせるために、結構頻繁に譲れないときは譲れないと言って来たんですが……。どうもうまくいかなかったというか。いろんなことを自分なりにやってみているんですが。

CL　会社とか、生活のために行けば、ある程度人間関係が起こって来ますが、そこで言いたいことを言っちゃうと、「大人になりなさい」とか人に言われるんです。大人ってなんなのって私なんか思うんですが、結局、自分を出さないのが大人なのかなって。

TH　大人って、わかんないですよね。

CL　そうですよね。私もみんなに問いかけたくなります。

TH　人目というか……。「私は私である」って三回言ってみません？

CL　「私は私である」「私は私である」「私は私である」。まあ、人に助けられているってことも分かってはいるんですが。

TH　ちょっと話は変わって、この前の面接から三週間あったんですが、その間に良かったことはありましたか？

CL　会社に行く途中に、すごいきれいな山の光景を見ることができました。去年はよく見れたんですが今年はずっと見れなくって。で、これが見られたからいいことあるかもとか思って。悪いことあっても、朝良いことあると思っていると流せて。でも、見ることができないときもあって。

TH　雲に左右されるわけにいかないですよね。

CL　それで私もいろいろやってみるんですが……。友達に相談されて、「私はこうしている」というと、友達は「そんな余裕ない」と言うから、「ほら、見てごらんよ」って言うんです。そういうのって見ようと思って見えるわけでなく、ふっと目に入るって感じですよね。だから私も見ないといけないものがあるんだろうにって思うんです。すると、人間関係なんて面倒と思うんですが、でも生きてる限りつきまとうことですから、これを何とかしないとって思うんです。……私は世間体が気にならなくなるほど強い目標がないけれど、世間体は気にならない。（少し間）世間体って言ってもはっきりしないものですよね。

TH　そうそう。

CL　「そんなの常識だ！」と言われるけど、その人の常識は私の常識ではないかもしれないですよね。でもこんなこと言うと変わり者とか言われて。

時間になり、課題を出しました。課題は「呼吸が苦しくなったとき、息を吐ききって、三秒以上息を止める」［逆説的介入課題］、「人間関係がうまくいくときといかないときを観察する」というものであり、呼吸の課題はその場で数回練習しました。CLは「息が入っていく感じ」と述べていました。

●第三回面接

TH　前回に宿題がありました。まず、呼吸が苦しくなったとき息を吐ききって、三秒以上息を止めるというのは？

CL　結構効きました。今は全然苦しくないです。［介入課題の効果］

TH　記憶のことも良くなっているとのことでしたが、変化が早すぎるとき、一回戻ってから解決することがあるんです。症状が戻ってきたと言うことはありますか。

CL　ありません。

TH　そうですか。あまり変化を焦らずゆっくりとやって行っていただければと思います。あと、人間関係がどのようなとき良好か、どんなときに悪いかを観察するという宿題は？

CL　難しいですね。

TH　（CLの宿題を読みながら）遅く出勤する。

CL　どんなときに良いかを観察したんですが、やっぱりそうです。

TH　物忘れはとりあえず今良い状態のようですから、今扱いようがないわけです。われわれは今後どのような方向に進めばいいでしょう。

CL　うーん。

TH　どんな人も問題を抱えていると思います。最悪を0、最高で全く問題がない状態を10とするとき、いくつなら生活していけますか？

CL　0でも大丈夫。

TH　それはすごい。今はいくらくらいですか？　5くらいですか？

CL　5か……。

TH　今その問題に対してどう対処していますか？

CL　問題がない。問題はあるんですが、思いつかないというか。

TH　良い状態。

CL　良いというか、悪いというか。

TH　前回から今日までのあいだで、楽しかったことがあると思うんですが、それはどんなときでした？（間）比較的良かったことはどんなことですか？

CL　これと言ってありません。でも、ここに来るようになって良くなったから、こないと不安なんです。

TH　ええ。ですから、もしぶり返した時は、いつでも連絡して下さい。時間をとりたいと思います。後、言っておきたいことは、これまでの面接の中で私は変な宿題を出しただけで、ほとんどご自分で対処法を見つけられた、ということです。とりあえず、そういう形で観察しておいていただきたいのですが、不安ですか？

CL　大丈夫だと思いますが、土曜日にいつも調子悪かったけど、調子よくなったし。楽しいことはなかったけれど調子いいし、何が問題かは分からないけれど調子はいいです。どうもα波の音楽とか川の音のCDとかを聞くと調子は悪くなるみたいで……。

TH　いろいろ試されて、調子悪くなるときの観察をよくなさいました。そのCDは、燃えないゴミの日にでも捨てちゃった方がいいんじゃないですか？

CL　ほんとにCDが悪いんでしょうか？

TH　悪いです！　と言うか、ほんとは分からないんです。でもうまくいく方法は経験的に分かります。それは悪いときにやってることをやめて、良いときにやってることを続けることです。調子良いとき、そのCDを聞かない以外に何か他のことはありますか？
CL　思いつかないです。……調子の良いときは泣いたりわめいたり、怒ったり笑ったりします。
TH　その辺もう少し聞かせていただけますか？
CL　調子の良いときはなんでも入ってくる。だから、泣いたり怒ったりする。調子が悪いと、暗くなりどうでもよくなる。そういうときに、何で（会社に）来ているのかなと思います。
TH　CD聞いて無気力になるとき、何らかのメリットがあると思うんですが、何がメリットになりますか？
CL　CD聞いたときでなく、無気力になるときでもいいですか？
TH　はい。
CL　（間）生きてるけど一回死ぬんです。つまり、自分の中で一回死んだつもりになるんです。問題は、私が死ねばなくなるものだから、一回死ねばいいやと思って、もう一回生きるんです。
TH　問題とあなたが一体化しているように見えますが、問題に名前を付けませんか？　あなたの中に問題を抱え込んでしまっているようなので、問題に名前を付けて切り離したいんです。どういう名前が良いでしょうか？

CL　タイガー。

TH　いいですか？

CL　いいです。

TH　タイガーが襲ってくるときに、うまく対処できる時はどうですか？

CL　友達とかに相談されたときに、「どうなりたいの？」と聞く。それに併せて、どうすればいいのかを考えていく。同じように、自分も解決の方向を探っていけばいいんですが、思ってることを思ってるように進めていくことは難しいですよね？

TH　そうですね。だからタイガーなんです。だから、問題なんてコントロールできないんです。自分ではないし、代わる代わるどんなものが来るかをコントロールできないんです。勝手に襲って来るんです。問題に名前を付けたのはそういう意図です。息ができないことを解決することなど、なかなかできないです。それができた。それでも、虎は無数にいるわけです。

それでは、時間も来てますので、先程いった課題と、紙に物語を作って書いて欲しいんです。テーマは、「美女とタイガー」というテーマで書いて欲しいんです。時間をとっていただいて、バカっぽいと思いながらも作っていただきたいんです。是非やっていただきたいんです。

CL　コメディーでいいんですか？

ＴＨ　構いませんが、ハッピーエンドにして欲しいんです。後、一捻りあった方がいいんですが。是非、お願いします。それと、先程もいったように、変化が早いのでぶり返したりすると思いますが、焦らずにやって下さい。

●第四回面接

本面接が最終面接となりました。症状や対人関係の問題は落ち着いており、表情も明るくなっていました。「美女とタイガー」の物語の内容はここでは紹介できませんが、悲劇から喜劇に展開される傑作でした。今後も物語作りを続けることを提案し、面接を終結としました。ここでの治療設定は、一〇回の面接（セッション）をワンクールとしているため、残り六回をいつでも使えるという形で本面接を最終面接としました。なお、電話によるフォローアップでは最近順調であるとのことでした。

【事例７】の解説をする前に、もう一つ共通点のある事例を紹介したいと思います。その共通点は不安神経症概念領域の症状を呈しているということです。次の事例は短い事例ですので、それを紹介した後、事例の共通点と差異という観点から解説したいと思います。

〈4〉【事例8】恐怖を訴える青年への分析的（？）意味づけ

ＩＰは二〇歳の学生であり、現在一人暮らしをしています。主訴は不眠と単一対象に対する恐怖です。専門学校内の学生相談室にて相談を受けました。

●第一回面接

ＴＨ　どうしたの？

ＣＬ　あのー、目をつむるとここに（目の前に両手で円を作る）黒い物体があって、恐くて仕方ないんです。［予期的不安の示唆］

ＴＨ　（ハッ?!　という表情）……それって寝てるときのこと？

ＣＬ　寝ようとして、横になって、目をつむると何かあるんです。ここに黒い物体が……。

ＴＨ　それは実際に存在するの？　それともイメージ？（間）つまりそのー……お化けとか幽霊とかそういうの？

ＣＬ　お化けとか幽霊とかではなくて……多分、イメージだとは思うんですが……。で、その黒い物体に負けないように自分を大きくするんです。そうすると向こうもどんどん大きくなってきて恐くて目を開けるんです。

ＴＨ　何だと思う？

CL　分からないんです。でも恐くて仕方なくなります。
TH　(少し間をおいて)あのさー、イメージすると、それって知り合いの中で誰だと思う？
CL　父親です(即答)。
TH　あー……そーかー(納得を示すジェスチャー)。多分……そうだよー。父親かぁー。
CL　はいー。
TH　お父さんて恐い人？
CL　んー、そうでもないかな。
TH　じゃあさー、それ多分父親だからー……別に恐いもんじゃないから、来週までにもうちょっと詳しくどんなものか観察して、感じたこととか詳しく教えてもらえない？　もっと情報が欲しいから。[介入課題の提示]
CL　はい。

●第二回面接

CLは「黒い物体が出てこなくなった」ことを語りました。しかし、THは「それが今まで毎日頻繁にでてきたのか」尋ね、CLが「毎日ではない」と答えたので、「まだ出てこなくなったというには早い」と指摘しました。

また、青年期には「父親と子ども」という関係から「父親と一人の男」という関係に関係性を変化させる時期が来るということを伝え、「そのあなたなりのやり方が黒い物体との戦いであった」ことを説明しました。

●第三回面接

CLは「あれからもう出てこない」と再び語りました。そこで、本面接を持って終結としました。なお、半年後のフォローアップ面接では最近順調とのことでした。

〔5〕【事例7】【事例8】の解説

短期療法および家族療法の発展に多大な影響を残したベイトソンの研究法は、事象と事象を対比し、その共通性と差異を捉えるというものでした。ここでは、まず同じ抽象レベルに二つの事例を並べ、共通性を探り、その後、差異を検討していきたいと思います。

まず、これらの事例に共通している臨床像は、予期的不安にあると思われます。女性の事例では「忘れてはいけない。忘れたらどうしよう」「息が吸えなかったらどうしよう」という症状に対する予期的不安、また、青年の事例では「黒い物体が出たらどうしよう。恐い」という症状に対する予期的不安があります。差異としては、前者は身体症状と健忘という記憶上の問題を訴え、後者はクライエント自身が観念であると気づいている黒い物体を問題としています。また、前者は症状の消去の後、対人関係の問題に言及していったことに対し、後者は黒い物体が消失した後は問題が提示されることはなく、フォローアップにおいても予後はさらに楽しい生活を送っています。

セラピストの介入に共通しているのは逆説指示です。前者は忘れてはいけないことに対して「わざと忘れるように」、息が吸いにくい事に対して「息を止めるように」、後者は黒い物体を見たくないことに対して「観察してくるように」指示しています。逆説指示の効果について、ダンラップ(Dunlap,K., 1928)は「不随意の反応を随意の支配のもとにおく」という説明をしていますが、本事例における逆説指示を見ると非常にしっくりとした説明と言えるものです。しかし、不随意の反応を随意の支配のもとにおくというのは症状の消去においてどのような効果があるのかについては明らかではありません。本事例に仮定される共通性は、解決についての経験であり、また、解決についての洞察であるとも思われます。別の言い方をすると〝安心感を持つ〟ということかもしれません。この解決についての経験や洞察によって安心感が得られることは、予期的不安を低減させるものと推察されます。

セラピストの介入上の差異は、逆説指示の仕方にあります。前者は意味づけをほとんど行わず、特に呼吸困難に対しては、対処法を教えるという方法をとっています。一方で、後者は精神分析でいうエディプス・コンプレックスを仮定しているかのように見える意味づけを与えることで、逆説課題を提示しています。

両事例ともに実際に課題を行ったか否かは確かではなく、むしろ面接場面での変化と捉えられるものでもあります。これまで短期療法および家族療法では、介入課題がクライエントによって実行されるか否かということが重要でしたが、むしろ介入課題を提示したその時点で何らかの治療的変化がなされているようにも思われます。また、介入課題については次章で詳しく述べたいと思います。

◉注

［1］**第一次短期／家族療法**――本書では、家族療法において短期理論を提示したMRIパロ・アルトグループや初期ミラノ派を第一次短期／家族療法と考えています。この第一次短期／家族療法の特徴は二つあります。一つはサイバネティクス－システム理論の視点、二つ目がワツラウィックらによって提示されたモナドからダイアドへの視点の移行にあります。

サイバネティクス－システム理論は、後に第一次サイバネティクス（first-order cybernetics）と呼ばれることになりますが、そこではシステムがシステム自体を維持していく性質に注目しました。その性質は自己制御性、あるいは、ネガティブ・フィードバックと呼ばれるものです。短期／家族療法の実践では、セラピストやそのチームによって観察された家族成員間の行動の連鎖（パターン）を家族システムと考え、問題にまつわる家族の行動パターンを探索し、そのパターンを阻止するべく介入していきます。

モナドからダイアドに視点を移行することによってブラックボックスを消し去るという視点は、心理療法のパラダイムを大きく変えるものでした。一方で、後に個人という視点が軽視される家族療法の歴史ともなるのです。

以上の〝観察されたシステム〟という第一次サイバネティクスの視点では、観察者から見るという視点についての理論が必要とされました。そこでワツラウィックは構成主義（コンストラクティヴィズム）に言及しました。また、第一次サイバネティクスではシステムの維持というものに焦点が当てられていたため、時間という概念よりも、共時的変化について語られることになりました。

［2］第二次短期／家族療法以降――後のミラノ派、BFTC、その他、カルガリー大学のカール・トム、ナラティブモデルを提示したホワイト、ガルベストングループのアンダーソン、リフレクティングチームを提唱したトロムソグループのアンデルセンなどの理論と実践は第二次サイバネティクス以降の短期／家族療法の流れとして展開されたと考えられます。マルヤマ（Maruyama）やフォン・フォルスター（von Foerster）によってもたらされた第二次サイバネティクス（second-order cybernetics）では、「システムの維持」という性質ではなく、システムの発展と生成（ポジティブ・フィードバック）、自己組織性という性質に着目しました。また、ネオミラノ派と言われるボスコロ（Boscolo & Bertrando）は変化と発展という視点から時間概念というものを重要視する立場を提案し始めました。こうした通時的変化と通時性への注目は、未来志向のアプローチやナラティブへの認識論の展開を支えることとなっています。

第二次サイバネティクス以降の短期／家族療法は、〝観察しているシステム〟と表現されるように、セラピストとクライエント家族を含めた治療システムに焦点が当てられるようになり、会話、すなわち、言葉の構成や意味の構成が重視されることになりました。また、同時に、ラディカル・コンストラクティヴィズム、コンストラクショニズム（社会構成主義）、ポストモダンの認識論がさらに注目されつつあるのです。

第五章

介入課題の出し方・使い方

本章では短期療法における介入（intervention）について、特に“do different”の課題について具体的な提案をしたいと思います。“do different”というのは例外的行動パターンを構築するための手段であり、例外的行動パターンを構築した後は、表のアプローチに移り、そのパターンを“do more”していくことになります。

1 “do different”の作り方

短期療法を行う際に最もへまをするのが、“do different”介入です。“do different”介入は、違うことであれば何でもいいというわけではありません。そこで、“do different”の作り方についてここで述べたいと思います。

〔1〕フレーム（枠組み）を知ること

まず最初に述べておきたいのは、クライエントは問題に対してあらゆる対処を試みたと述べることは間違いないということです。IPにしろ、その家族にしろ困っていればそれは当然のことです。へまをするセラピストの多くはIPや家族の「あらゆることを試みた」という視点に同調してしまうのです。セラピストはそのようにみる必要はないのです。単にこれまで試みられた対処行動を聞き取り、ケースファイルに列挙していけばよいのです。先の【事例3】と【事例7】を用いてその例を以下に示します。

【事例3】の会社員の問題は「パニック発作」。彼は、対処法として、①怒る、②寝る、③黙る、④発作が出ないように意識する、という方法をとっていました。

この対処行動パターンをくくってみると、発作が出ないようにという個人のフレームと一人にしてあげるという家族のフレームが見えてきます。したがって、“do different”介入は、発作を意図的に出そうというフレームと一人にさせないという家族のフレームのいずれか、あるいは、両方に沿った行動課題であることが必要ということになります。

【事例7】のOLの問題は「会社での健忘」。彼女は、対処法として、①どこに何をしまったか全部ノートに書く、②伝えなくちゃいけないことを忘れないようにいつも頭の中で考える、③忘れたらどうしようと不安に思う、という方法をとっていました。

この対処行動パターンをくってみると、忘れないようにしようとしていることが分かります。これがクライエントのこの問題に対する対処についてのフレームです。「忘れないようにしよう」というフレームの中に各行動がおさまるのです。したがって、"do different" 介入は、「忘れるように」というフレームに沿った行動課題であることが必要になります。

〔2〕"do different" 介入としてのリフレーミング

上述した問題対処についてのフレームを解決努力（Attempt Solution）と言います。この解決努力をやめさせる方法の一つがリフレーミング（reframing）というテクニックです。リフレーミングとは何かという前に、例をあげましょう。リフレームの天才と一部で言われている人物は土屋堅二氏です。私が知る限り土屋氏に勝るものはいないと断言することができます。そこで、土屋氏の例を引用することにします。

「わたしが（学生からバレンタインの）チョコレートをもらわないのは、わたしには隠れファンしかおらず、ストレートに気持ちを表現できる学生がいないためである。」（1997, p.59）

「私の人となりについていえば、容姿と性格と知能にはかなりの問題があるものの、しかしそれを除けば、これといってとくに欠点はないと言い切れる。」（1997, p.59）

次にMRI内短期療法センター初代センター長、リチャード・フィッシュの講演から、

「バラの木がとげをつけるなんて残念。（しかし）とげを持った木がバラの花を持つなんてすばらしい。」

以上、フレームを変化させた状態をリフレームと言いますが、こうしたリフレームを導くセラピストの手段がリフレーミングと呼ばれています。先の【事例6】【事例7】を用いて、心理療法でのリフレーミングの例を示したいと思います。

例1（【事例6】から）

CL　……バイトの子と話したり、周りによけいおるもんで、話すだけですけど。

TH　人気があっていいですね。人気の秘訣は何ですか？

CL　よくしゃべるのと、明るいのとくらいじゃないですかね。でも、そういうの、恋愛対象にされないんですよね。よくいう三枚目ってやつですよ。本で信頼から恋愛に変わるっていうのがあって、何かこれ意味分かるなーって思って、何か例えば女の子から相談されている間にお互いが好きになってしまう、というのが書いてあったんですけどね。

TH　結構信頼されるタイプじゃないの？

CL　どうかなー。この間二カ月くらい前だけど、いつもみたいに世間話してたら彼氏の話になって、結局励ましたら、次郎ちゃんて頼りになるんでいいって。それは他の人から聞いたんですけど、女の子にそう言われるのはじめてなもんで。

例2（【事例6】から）

CL　僕は三枚目ですけど、よく喋る。とんちんかんなことやってて、ふと見るとちょっと違う自分がいて、こういう人なんだなーって……。

TH　なるほど。次郎君と他の人との違いは何でしょうか？　例えば表情とかしゃべりとか……それを自分では分かっていると思いますが、教えてもらえますか？

CL　ナンパのときはとにかく笑わせようとしてます。

TH　笑わせようというのは気を使うってこと？　つまり思いやりがある？

CL　そうですね。

例3（【事例7】から）

CL　伝えなくちゃいけないことを忘れないように、いつも頭の中で考えている。忘れたらどうしようとか思って。

TH　忘れっぽいことで何らかのメリットがありますか？

CL　嫌なことも忘れます。喧嘩しても、何か別のことをやると、喧嘩したことを忘れて相手としゃべってしまう。会社で結構いろいろあったけど、忘れるのが一番と思って忘れたけれど……。

TH　忘れることで会社が長続きした。

CL　そうです。仕事が見つからない時期があって、今やめても就職できないだろうと思って。

セラピストのリフレーミングが成功したならば、クライエントはこれまでと違った見方で問題というものを捉えられるようになります。**問題に対する捉え方が変わると必然的に問題に対する対処行動に違いが生まれてきます**。すなわち、“do different” が生じるわけです。

〔3〕びっくり！クエスチョン

このびっくり！クエスチョンは、嫁姑問題や険悪な親子関係、また、職場内の葛藤などに対して用いると効果的です。他者をびっくりさせるため（フレーム）の行動を尋ねるわけですから、いつもと違う行動パターンについて考えていくということになります。この質問の狙いは、"do different"を作り上げることにあります。例外的行動パターンを創造するといっても良いかもしれません。以下は不登校の中学生の例です。

例

CL　朝、お母さんは何回も起しに来て、うるせーって喧嘩になるんだよ。ほんと、むかつくよ。
TH　そりゃー大変だね。毎日でしょ？
CL　うん。
TH　お母さん何とかしたいよねー……朝にさー、お母さんをびっくりさせるには、どんなことが考えられるかなー？
CL　そうですねー。起しに来たとき制服着てたらびっくりすると思うよ。（笑い）

TH　もう少しびっくりさせたいんだけど……。

CL　制服を着て朝食を食べて、学校に行くふりをする。（笑い）

TH　面白くなってきたね。僕だったらねー、お母さんのハイヒールを履いて「いってきまーす」と言って出ていくと驚くと思うけどね！……まあ、そこまで驚かせたら、かわいそうだからねー。やってみる？

CL　はい、明日やってみます。

TH　お母さん、どんな反応したか教えてね。よーく観察するんだよ。

CL　はい。

このびっくり！クエスチョンは、対決的な関係において、「闘争」的コミュニケーションを行うケース、例えば、嫁姑の対決、親子の対決、上司と部下の対決を、「遊び」や「ユーモア」というコミュニケーション・モードに移行させる効果があります。対決の仕方を「びっくりさせる」という言葉により、遊びに変化させてしまうのです。

〔4〕極端な時間制限

極端な時間制限とは、例えば、不登校の中学生や無気力の青年、また軽うつ状態の人々に、ある活動をするように指示する際に、活動の時間を極端に制限する方法です。以下は不登校の中学生の例です。

例

TH　次回までに、少し勉強をして欲しいんだけど、できる？
CL　はい。
TH　勉強の時間は五分。……それ以上はやっちゃだめだよ。絶対に無理にしないように。分かった？
CL　えー、でも五分じゃーちょっと、何にもできないよ。
TH　何分ならできるの？
CL　んー、三〇分。
TH　それは無理しすぎだよ。……でもそうだね、一〇分にしとこう。一〇分以上は絶対にだめ！
CL　でもどうしてもやりたかったら一〇分以上やっていいでしょ？
TH　そうだねー、一〇分五九秒以内ならね！

CL　ふふふ。（笑い）

極端さというのはユーモアを含むものになりやすく、逆説的な効果があります。逆説については少し後に詳しくとりあげます。さて、極端さの度合いはというと、「そんな馬鹿な！」と思わせるくらいでなければなりません。

〔5〕神棚アプローチ

短期／家族療法では儀式というものを問題解決の手段として利用してきた歴史があります。ここでは、do different 介入としての儀式の利用について述べたいと思います。この儀式という行為を利用することでこれまでと全く異なるフレームを構成し、新たな行動パターンを導くことが可能です。以下に事例を一つ挙げることにします。

【事例9】不登校中学生

和幸君は小学校の頃にいじめにあって以来、その後、父親の転勤で中学校は他県に移りましたが休みがちになり、いじめられ、再び他県の中学校に転校しました。その中学校でも不登校状態が続き、中学三年の五月に母親と共に来談しました。和幸君は「学校に行きたいが行けない状態」と訴え、身体症状を呈するなど、典型的な学校神経症的心性を示していました。

和幸君は何事にも一生懸命になる傾向があるので母親には「あまり無理しないように」というメッセージを両親から伝えるよう介入していきました。これは和幸君が学校に少し行き始めると、母親はもっともっとと高い要求と期待を和幸君に与えるという偽解決行動を切断するための介入です。

その他、母－子間の相互作用の困難は朝に始まることが多いということが報告されました。特に月曜日に学校に対する何らかの不安があると全く学校に行けない状態が続くということでした。多くの場合は、母－子の朝の相互作用は格闘というコミュニケーション・モードで進んでいくのです。

そこで、朝に「学校に行け！」という母親からのメッセージを強調するのではなく、一家の長男として「学校に行け！」というメッセージを強調することにし、格闘ではなく共同というコミュニケーション・モードで相互作用が進むように介入することにしました。そのために利用したのが神棚でした。和幸君の家には仏壇はなく神棚があったため、「朝に神棚に水をやること」「親子で手を合わせること」を朝の儀式として行うようセラピストとワーカーは提案しました。その後、和幸君の身体症状は消えていったと報告されました。そして、一一月の一一回目の面接を持って終結に至りました。このケースは第一章❷でフォローアップとして挙げたケースの一つです。

2 逆説介入（パラドックス）

ある逸話があります。馬が馬小屋に入らない。手綱を引いて馬小屋に入れようとするのですが、馬は前脚をつっぱって入らないのです。一人ではだめなので、二人で手綱を引きますが反発するばかりで一向に小屋に入ろうとしないのです。そこに、子どもが来て馬の尻尾を引っ張りました。すると馬はびっくりして馬小屋に入ったのです。（図5－1）

図5-1　パラドックス小話

これは逆説介入の一つの例です。家族療法は相手の力を利用することから、元々、合気道アプローチや柔道アプローチと言われていたそうです。柔道の巴投げという技は、相手が前に出てきた力を利用し投げ飛ばすわけです。短期／家族療法ではクライエントの抵抗、さらに症状までも利用していきます。逆説はそうしたテクニックの一つなのです。第一章3の【事例2】足が震える少女の事例を思い出してみて下さい。セラピストはこの逆説介入を用いたわけです。すなわち、足が震えるのに対して、足が震えないように努力するのが順説的であり、足を意図的に震わせるよう指示するのは、逆説的ということになります。以下、三つの事例を紹介したいと思います。

〈1〉【事例10】家庭内暴力への危機介入

ある日、日が暮れてから、身体じゅうあざだらけで足をひきずった母親が来談しました。母親とは別に息子の太郎君も来談しました。この息子の家庭内暴力はすさまじく、家の中ではテレビを除く、全てのものを破壊していました。火をつけたこともあるのでした。母親の面接にはソーシャルワーカーが、太郎君の面接にはセラピストが入りました。合同面接は全くできる状態ではなかったのです。

面接場面では、太郎君は物静かな中学生でした。ぽつぽつとではありますが話もしました。母親に暴力を振るっている自分が嫌だけれど、母親は生理的にもっと嫌だと話しました。途中、ここで話したことを伝えないことを約束し、母親の面接に加わりました。母親は恐怖に震えていました。センターでは、保護するか保護しないかが最も重要な決定事項となっていました。セラピストは太郎君のところに戻り、家に帰るにあたって宿題をやって欲しいことを伝えました。太郎君は絶対に宿題をやると答えました。その内容は「次回までに二回、演技で暴れるように、しかも、お母さんに演技だと気づかれないように」というものでした。太郎君は言いました。「そう考えると、暴れられなくなるかもしれません。それでもいいですか？」と。さらに、セラピストは「その二回をお母さんに当ててもらって、次回報告してもらうように伝えるけど、いいかな？」と尋ねました。すると、「いいよ」と言いました。そしてそれを母親に伝え、帰宅してもらいました。その後、太郎君の暴力は劇的に終息しました。

〔2〕【事例11】楽しくないことを考えてもらう——自殺未遂を伴う気分障害の症例

佐知子さんは夫婦関係のいざこざからうつ状態になり、自殺未遂をし入院した二五歳の女性です。佐知子さんは「楽しいことは何もない」「何をしても楽しくない」とセラピストに訴えました。セラピストは話を聞き続けました。そこでは次のようなフレームが見えてきました。それは「楽しくしよう」「楽しくなりたい」というものです。セラピストは次のように介入していきました。「これだけはやりたくないということは何ですか？」。佐知子さんは答えました。「この暑い中、化粧をきれいにして、服を着替えてスーパーに買い物に行くっていうのが今一番やりたくないことですかね」。

セラピストは、ちょうど旦那さんが見舞いに来てくれているということから、旦那さんとスーパーに今から化粧をして行くように指示しました。次のセッションでは、「結構楽しかった」と語られ、その後退院し、現在は楽しくやっているということです。

〔3〕【事例12】相称的関係性の利用——神経性無食欲症の症例

IPは一〇歳の由美さん。家族は、両親、祖父母、姉と兄であり、多世代家族です。由美さんは祖母になついており、母親とは友達と話すように接します。また、由美さんはがんばり屋でリーダータイプ、成績優秀。バドミントン部に所属し、試合でも活躍しています。X－一年一二月頃、友人に何か言われて以来食事をとらなくなり始めました。何を言われたかは「絶対に言いたくない！」と言います。年が明けてから他院内科受診。内科的検査を受けるが異常なし。体重減少が進み、三五キログラムから二四・五キログラムへ。X年二月下旬、筆者が勤めている病院に受診しました。

由美さんは「すぐに満腹になるから食べられない」「体重は増やしたいけど、栄養剤や薬は絶対にイヤ！」と主張しました。肺炎のため春休み中に約二週間当院に入院し、退院後食事はできるようになりましたが、以前よりは食事の量が少なくなっていました。

●第一回面接

ＩＰと母親が来談しました。母親とＩＰのコミュニケーションパターンはＩＰがつっこみで、母親がボケるというもので、ＩＰが母親に対して優位にいるように見えました。母親もＩＰも、ＴＨや担当医に対して反発的な反応を示し、ＴＨも担当医も疲れ果てました。

●第二回面接

ＩＰは「太りたい気持ちはある！」と言うものの食べる量は増えません。春休みが終わり学校が始まるので、面接には来られないとＩＰは述べました。次回からは母親一人に来てもらうようにしました。それは反抗的なＩＰをあえて外していく方が面接にとってプラスであると判断したからです。

●第三回面接

母親のみの面接。退院後再びやせてきて、二六キログラムであると報告。介入課題として①三〇キログラムになるまで学校に行かせないこと、②比較的食べたときの様子を詳しく観察すること、をＴＨが提案しました。それに対して母親は①には同意できないとし、母親はＴＨと対決している感じが見られました。再び介入課題として、母親がＩＰの食べる量に制限を付けること（「そんなに食べられるの？」などと言ってもらう）を提案しました。

●第四回面接

父親と母親が来談。父親は非常に論理的で話が通る人でした。夫婦間の葛藤はないとのことでしたが、父親はたとえ無理矢理にでも食べさせなければいけないのなら食べさせる覚悟があると話しました。それに対して母親は無理強いは絶対に良くないと述べ、ＩＰの拒食に関する態度の相違が明らかになりました。ＩＰの強迫的行動が問題視されたため、ＩＰの自発的行動を両親が先取りし、指示することで、内発的動機を低めるよう両親に指示しました。

●第五回面接

体重二六キログラム。最近の変化として母親から性格が柔らかくなった、弱くなれるようになった、頑固さ、わがままさが少なくなった、などと報告がありました。祖母がＩＰに「最近お母さんと話せて良かったね」と述べたそうです。介入課題はＩＰと母親で何かをすること。

●第六回面接

体重二八キログラム。いじめというＩＰが学校に行きたくなくなるようなことが起こったことについて報告しました。母親はＩＰが以前のように心から笑うことがなくなったことを問題としました。

●第七回面接

体重二八キログラムで維持。食事量については、ご飯は六分目。レバー、野菜、魚や肉はバランスを考えて食べていることを報告。一膳食べられるようになればと母親は述べました。IPが笑ったこと、髪を切って明るくなったこと、自信を取り戻してきたことを話しました。三〇キログラムになったら、母親とIPで東京の遊園地に行く予定であると報告し、母親は行ける確率を九九%としました。

●第八回面接

体重三〇キログラム。ご飯を一膳食べるようになったこと、笑顔もあることを報告しました。THはそれをコンプリメントしました。

●第九回面接

体重二九・五キログラム。IPの髪の毛が抜ける量が多いことを母親は心配していました。神経質なIPが時間にルーズになると今より一〇点アップであると言います。介入はIPの行動を先取りするよう指示。

●第一〇回面接

体重三〇キログラム。ここまでの面接の経過では、母親とＴＨの関係は相称性（対決）に基づく関係であり、体重もここ数カ月増加しないことから、ＴＨは母親と賭けをすることにしました。ＴＨはＩＰの体重が次回までに増えないと予測しました。さらに「三五キログラムに増加することは難しい」とＴＨが母親を挑発しました。母親は三五キログラムに増えると予測しました。それに対して母親は「分かりました。三五キログラムにすればいいんですね！」と啖呵をきりました。ＴＨは自分で仕かけたにもかかわらず、思わずゾクゾクしたくらいです。

●第一一回面接

ＩＰの体重は三四・五キログラム。母親は賭けには負けたけれど、得意満面の笑みをＴＨに見せました。ＴＨはワンダウンし、母親の母親としての能力を褒めちぎりました。

●第一二回面接

ＩＰの体重は三六キログラム。ＩＰは自らの行動をコントロールすることができるようになり、拒食になる前の笑顔と明るさを取り戻したと母親は話しました。今回のことがあり、学校の友達や先生にＩＰの弱い面を見せられたことが良かったと思うと母親は述べました。ＴＨはさらに母親の努力を褒め称え、ＩＰの体重が順調な増加を示していること、また、以前の明るさを取り戻したということから、経過観察することとし、面接を終結することを告げました。その後、母親とTHはこれまでの相称的関係（対決）について冗談を交えて話し合いました。

このケースは約六カ月間で一二回の面接を行い、終結に至ったケースです。面接の初期から、母親とTHは対決的コミュニケーションにどうしても陥ってしまうという、いわば治療システムにおける悪循環が生じていました。そこで、この対決的な相称的関係を利用し、母親を動かすことを試みました。THとの賭けによって、母親はIPの体重を増加させるよう強く動機づけられたわけです。これは関係性を利用したパラドックスです。すなわち、THに勝つためには娘に対する対応を変えなくてはならず、娘に対する対応を変えなければTHとの相称的関係から相補的関係に変化しなくてはならない、という二重に拘束された状況が構成されたのです。こうしたセラピストの状況構成を「治療的二重拘束」と呼ぶこともあります。

3 課題の提示法

介入課題の提示の仕方にもまた、それなりのテクニックが必要です。**短期療法がうまく実行できないというセラピストの多くは介入課題の提示方法に工夫がないことが多い**のです。工夫につぐ工夫が重要です。そこで、ここでは介入課題の提示の仕方について述べたいと思います。

〔1〕YMOの3類型

BFTCでは、セラピスト－クライエント関係を三つに分類しています。それは、カスタマータイプ（Y＝やる気型）、コンプレイナントタイプ（M＝文句ばっかり型）、ビジタータイプ（O＝お客さん型）です。やる気型とは、問題に困っていて解決に熱心なタイプ、文句ばっかり型とは、問題の指摘はするが何ら取り組みをしないタイプ、お客さん型とは、なぜここに連れてこられたか分からないが面接の邪魔はするわけではないというタイプを意味しています。

なぜ、セラピスト－クライエント関係に注目するかというと、その関係がセラピスト－クライエント間の相互作用によって変化していくものだからです。長谷川（一九九八）はその頭文字を取って、YMOの3類型と覚えると覚えやすいと述べています。

この**3類型は介入課題の提示の仕方の目安となる**ものです。文句ばっかり型やお客さん型の関係にある場合、介入課題を出すことは控えめにすることが必要です。ですから最初は比較的よい状態の時を観察してもらうというような課題くらいがよいでしょう。

〔2〕コンプリメント

コンプリメントとは賞賛することを意味しています。無理に褒め言葉を考えるのではなく、褒められる部分を探し出し、それをクライエントに伝えるのです。文句ばっかり型やお客さん型も、コンプリメントによって、やる気型に変化していくこともあるのです。

このコンプリメントは単純に服装を褒めることに始まり、来談してくれたことを褒めたり、大変な状況の中これまでやってこれたということを褒めたり、といくらでも材料はあります。どんなクライエントでも必ず褒めたくなる部分があるものです。

しかしながら、高級なコンプリメントというのはクライエント自身が自らを褒めるようセラピスト側が促すことを意味しています。第五章**1**〔2〕「“do different”介入としてのリフレーミング」で記述した例は、リフレーミングであると同時に、高級なコンプリメントの例と言えるでしょう。

〔3〕イメージさせる

最近、私は面接場面で問題に対するＩＰやクライエントの偽解決行動パターンが図式化されてきた際には、“do different”課題を会話の中で提示し、その行動を行ったとき、今と何が異なってくるかをＩＰやクライエント自身にイメージしてもらうという方法を取っています。より解決に向けられた変化がイメージされたならば、その課題を最後にあえて再び提示することはしません。より解決に向けられた変化が具体的にイメージされたら、わざわざ介入課題として提示しなくても次回までに試みてくるからです。この課題の提示法は最も お勧めしたい代物です。具体的には次のように実践します。

例1
ＴＨ　仮に、両親でいちゃついているのを娘さんが発見したら、娘さんの行動に何か違いが現れるでしょうか？　お父さんどうですか？
娘の父親　そうですね。びっくりするでしょうね。
ＴＨ　娘さんとの関係に何か変化が起こりそうな予感もしますが……。
娘の父親　そうですね。多分、娘との距離が近くなるでしょうね。
ＴＨ　お母さんはどうですか？
娘の母親　私もそう思います。

例2
ＴＨ　君、お母さんに「学校に行くな！」と言われたらどうする？　学校に行く、行かない？

娘　行く。
TH　お母さん、「行くな！」と言ったら、娘さん学校に行くそうですよ。
娘の母親　私も私が「行くな！」と言ったら、娘は学校に行くと思います。
TH　なんか変なの。
娘、母親、父親　（笑い）

〔4〕笑わす、笑われる

介入課題を提示する際にIPやクライエント家族を笑わせることができたら、介入課題が遂行される確率がグーンと上がることを経験しています。笑わせるにはセラピスト側がワンダウンすることが重要です。すなわち、笑われればいいのです。具体的な例を挙げましょう。

例

TH　（不登校のIPに対して）この宿題をやってくるのは難しいから、たとえできなくても、君に七〇点はあげられるよ。（サブセラピストの山咲先生に対して）山咲先生は三〇点だけどね。
サブセラピスト　（セラピストに対して、怒りの表情を示しながら）私は三〇点なんかではありません！

IP、母親、TH　……。

サブセラピスト　三一点です。

IP・母親　（爆笑）

ところで、ウケない時はどうすればいいのでしょうか？　それは笑われることです。笑われるには失敗が一番てっとりばやいです。何か大げさに失敗してください。

第六章

短期療法テクニックの研究

本章では、ＩＴＣ家族心理研究センター（Interactional Therapy & Research Center）と、東北大学教育学部臨床心理学教室におけるコミュニケーション研究から生まれた短期療法テクニックについて、私が知る限りにおいて紹介することにします。これらのテクニックの基本は、コミュニケーション理論にあり、表裏のアプローチにあることに変わりはありません。

1 メタ・マネージメント・モデル

一九九二年にヴィクトリア大学グループのバーベラスら（Bavelas et al., 1992）によって提案されたジェスチャーの機能的分類に、日本の短期家族療法グループであるＩＴＣ家族心理研究センター

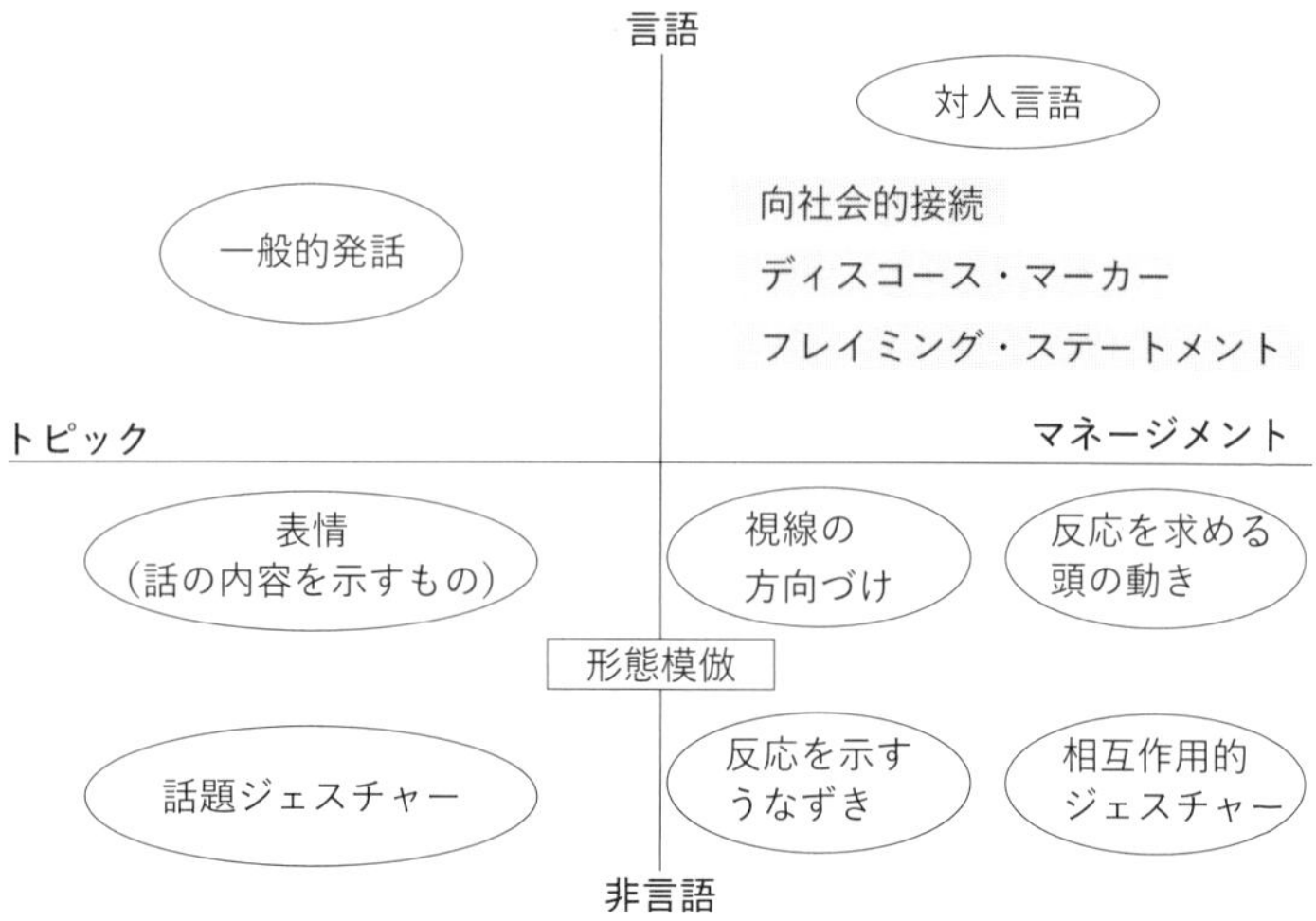

図6-1　コミュニケーション行動の分類

は注目しました（長谷川他、一九九六）。ハンド・ジェスチャーを対象にしてシンボリックにコミュニケーションの機能的側面を二分したバーベラスらの研究は、ＩＴＣの臨床的介入の論理にいくつかの示唆を与えるものでした。それは、ＩＴＣにおいてもまた、コミュニケーションのこうした機能的分類を実際の臨床場面から描いていたからです。その後、長谷川ら（Hasegawa et al., 1996）はコミュニケーションを、次のようなトピック的側面－マネージメント的側面という軸とバーバル（言語）－ノンバーバル（非言語）という二つの軸から分類することを提案しました（図6－1）。

　また、長谷川らは、家族成員間で行われるコミュニケーションのマネージメント的側面、特に非言語的な行為に介入することの重要性を強調しています。

ここでいうコミュニケーションのマネージメント的側面とは、会話の内容（トピック）と比較的独立したコミュニケーション行動のことで、対話者相互においてその会話システムを作り上げるべく、そこでのコミュニケーション自体の流れを規定するコミュニケーション行動を意味します。別の言い方をすると、相互作用の基本的流れを規定するコミュニケーション行動と言えるものです。長谷川らは、実際にノンバーバル－マネージメント側面に介入し、いくつかの成功例を経験しています。例えば、家庭内暴力の息子を持つ家族のケースで、母親のうなずき（ノッディング）を妨害する課題を出すことで、息子の暴力のエスカレートを収束させた次のような事例報告があります。

〝中学生男子兄弟の不登校。兄が家庭内で暴力を振るっている。父には、まだ暴力が及んでいないが、口頭での反抗には激しいものがある。父に対して「お前がこうした」と反抗する。母はこのとき、無意識にうなずく。反抗はさらに増すように見える。

母のこの「ノッディング」は、ほとんど無意識であるが、父子間の対立を大きく支えるように見える。介入はこのノッディングを阻止することで改善した。〟（長谷川、一九九八）

このような介入をメタ・マネージメント・モデルに基づく、コミュニケーションのノンバーバル－マネージメント側面への介入と呼んでいます。また、私が行ったバーバル－マネージメント側面への介入例もあります。それについて記述する前にシステムと情報（コミュニケーション）との関係について少し知識が必要になってきます。

2 バーバル-マネージメント側面への介入

（1）境界線を構成するコミュニケーション

家族や会社組織にみられるように、有機的システムにおいては集団成員の増加や複雑化に従って情報伝達の中枢化と分化が生じてきます。例えば、会社組織などでは、規模の増大と複雑化に伴い役割の分化や専門化が生じることは知られています。「部」「課」「係」など。会社組織内の部署における最小単位を「係」とするならば、そこでは最小のコミュニケーション循環が行われます。その次が「課」という単位でのコミュニケーション循環、その次が「部」によるコミュニケーション循環というように、コミュニケーション循環が大きくなります。コミュニケーション循環の単位が「会社組織」という単位よりも小さい単位である「部」は、サブシステムと言われます。さらに「課」は「部」のサブシステム、「係」は「課」のサブシステムです。

家族ではどうでしょうか？　夫婦、兄弟、姉妹、父親-息子、母親-娘など、家族によってさまざまなサブシステムの形が存在するように見えます。「見える」と書くのは、サブシステムというものがコミュニケーション循環の産物に過ぎないからです。ヘイリー（Haley, 1976）は「集団成員間の情報の開示や隠匿によって境界が生じる」と述べていますが、サブシステム、あるいは家族境界線は、コミュニケーションの流れによって現象化されているわけです。ミニューチンら（Minuchin et al., 1978）のような構造的家族療法では、家族境界線、特に世代間境界線を重要視した臨床的介入を試みることは良く知られています。世代間境界とは、祖父母世代のサブシステム、両親世代のサブシステム、子ども世代のサブシステムが明確であることを意味します。

例えば、過食症のケースで、過食症の娘と母親の密着が強く、母親と父親の密着が弱い場合、母親－娘サブシステムが現象化していることになります。つまり、世代間境界を破っているわけです。私と同僚はこのケースで、過食症の娘に両親に隠れて悪いことを二つするように指示し、両親には娘に内緒で夜に二人で出かけるように指示しました。これは、ヘイリーが述べる情報の開示と隠匿を利用し、家族境界線を構成したものです。しかし、短期療法では、世代間境界線を引くことにより、問題－偽解決循環を切ることが目的となります。

〔2〕【事例13】「情報の縄張り理論」の応用

日本語の文末形式には、直接形と間接形があります。直接形というのは、「～です」「～ですよ」「～んです」「～ですね」という文末形式です。また、間接形というのは「～ようです」「～そうですね」「～みたいですよ」「～でしょう」「～んですって」という文末形式です。
これら文末形式の使い分けは、話し手が情報を確実に所有しているかどうか、情報の確信の程度が影響します。確実な証拠や話し手の確信が低い場合、直接形よりも間接形が使用されやすいわけですが、それらに関係なく使い分けられることがあります。神尾（1990a；1990b）は、「情報の縄張り理論」としてそのような場合を説明しました。

ある会社の専務Pを知人Qが訪ねている。両者のところへPの秘書が「Pは三時から会議がある」ことを知らせて来た。三時が近づいてP・Qがこのことに言及するとする。同じ確定的な情報を同じ情報源から得ているにも関わらず、Qは「専務は三時から会議がある｛よう／らしい｝ですね」といった表現を用いるのが自然なのに、Pは「私は三時から会議がありますから」というように直接形を自然に用いることができる。

神尾によると、上述の例を、情報の縄張りから説明できる、といいます。つまり、縄張り理論によると、専務にとって「会議がある」という情報は自分の縄張り内にあるため、直接形で表現可能であるのです。また、文末の終助詞「ね」および「よ」の使用についても論じられています。情報が聞き手の縄張り内にある場合「ね」を、外にある場合「よ」を使用するというものです。このように言葉、それも文末形式というとても小さな言葉が、縄張りというものに関係があり、その縄張りを犯すと、嫌な気持ちになったり、嫌な気持ちにさせたりすることになるのです。私はこの「情報の縄張り理論」を次のように臨床的に利用しました。

夫婦関係の問題からうつ状態を呈した六〇歳の女性の個人面接で、その女性は、「夫が私のことを認めず、頑固で困っている」と訴えました。その夫は、これまで仕事に熱心で、家庭を顧みることはなく、仕事を定年退職後、家庭に自らの居場所がないと感じているようでした。また、自尊心が低下しているようにも思われました。その女性が夫と言葉を交わすときは、「庭木はこういうふうに切るものよ」とか、「これはこうしてするものよ」など、とにかく、「ね」という終助詞は用いられることがなく、「よ」という終助詞を一貫して用いているようでした。夫に居場所はなく、自尊心が低下しているため、頑なになっているという見立てをし、面接の最後に、「ね」という言葉を利用してみたらどうか尋ねてみました。この女性は「ね」という終助詞を付けると「言葉の感じがかわりますね」と述べ、面接を終了しました。

このケースでは、終助詞の「よ」を「ね」に換えるように提案したわけです。こうした終助詞、接続詞などは、トピック・フリー（会話の内容と無関係）の言葉でありますから、コミュニケーションのバーバル－マネージメント側面に介入したということになります。

3 コミュニケーション・ルートの利用

コミュニケーションにはルートがあります。同じことを言っても「それが誰の意見か」によって受け手の感情や行動に与える影響は変わってきます。また、この人と話をしてもいいが、この人とは話をしたくないというように「誰と話すか」というコミュニケーションの窓口があります。これらを有効に利用することを「コンテクストに乗る」と私たちは表現しています。コンテクストとは文脈と訳されますが、このコンテクストに乗りながら、家族コミュニケーションを変化させることが重要です。以下、具体的方法を紹介します。

〔1〕間接贈答法（インダイレクト・ギフティング）

贈答法とは、プレゼントを言葉として利用することを意味しています。また、間接というのは、ある人を媒介することを意味しています。この間接贈答法はITC家族心理研究センターによって開発されたテクニックですが、間接贈答法とは次のようなものです。

〝父ともう二年近く話をしない娘。強く叱られたことがきっかけだった。介入：父から娘へのプレゼントを母経由で手渡す。最初は無視されるが、母が夫のプレゼントを伝達する際に、お

父さんの気持ちを推量の形で伝える。間もなく改善する事例が少なくない。〃（長谷川、一九九八）

〈2〉間接伝達法

間接伝達法とは、次のような家族コミュニケーション・パターンに変化を作り出すテクニックです。例えば、問題行動を持つ少年に対して、対話をしない父親、対話をする母親というケースで、父親は息子に何も言わないという対処パターンを、母親は息子に口うるさく言うという対処パターンを取っている場合、母親が常に少年に言っているメッセージを「お父さんが……と言っていたよ」というように、父親からのメッセージとして伝達することによって、父親を参加させ、コミュニケーション・パターンの変化を狙うものです。家庭内暴力のケースなどでは、母親が「お父さんは……と考えてるみたいだよ」というように推量の形で、父親のメッセージを取り入れる方がより安全に用いられることになります。

〈3〉席替え

家庭では、多くの場合、家族の各成員が座る席やいる場所が決まっているものです。他にも、フロの順番なども決まっていることがあります。これらは暗黙に決まっているのであり、決められたものではありませんが、よく観察するとそのような暗黙のルールがあります。そのようなルールがコミュニケーション・ルートを規定していることがあります。例えば、食事の席が誰と誰が話すかを規定していたり、誰と誰が話しにくいかを規定していたりするわけです。そこで、食事の席替えなどによって家族のコミュニケーション・パターンに変化を作り出すことが可能になってきます。コミュニケーション・ルート自体を変更する一つの方法です。

4 問題‐相互作用モデルの応用

現在、短期／家族療法の視点は、「家族の問題を解決する」から「家族と共に問題を解決する」という共同と協調を重視した視点に移行してきています。ポストモダンを目指す家族療法家であり、また、社会構成主義（social constructionism）の視点に立つホフマン（Hoffman, 1993）やアンダーソンら（Anderson et al., 1986）は、「システムが問題をつくる」という視点から、「問題がシステムをつくる」という視点を唱え始めているのです。また、長谷川（一九九九）は「解決が問題システムをつくる」「偽解決が連鎖を構成する」というラディカルな見方を提示しています。

ここで取り上げる問題‐相互作用モデル（problem-interaction model――以下、略して、ＰＩＭ）は、夫婦面接や家族面接のような合同面接場面で、問題について話し合う際のコミュニケーションの性質について説明する一つのモデルであり、また、問題を作り上げる家族コミュニケーションにではなく、**問題解決を妨げる家族コミュニケーションに着目する**理論です。このＰＩＭは簡単に言うと以下のような特徴を予測します（若島、一九九九／二〇〇〇、若島・生田・長谷川、一九九九）。

Ａ　相手を傷つける可能性や気まずさという点において問題のレベルが高い話題について、言及の度合い（相互作用レベル）が高まると、受け手の反応は曖昧で文脈の外れた会話、また、二重拘束的なコミュニケーションになる可能性が高まる。（例＝妻が夫の浮気に強く言及すると、夫は話題をすり替えたり、答えになっていない不明確なことを言ったりする、など。）

Ｂ　相手を傷つける可能性や気まずさという点において問題のレベルが高い話題について、話し手が言及する際には、相互作用レベルが低下し、二重拘束的コミュニケーションをする可能性が高まる。（例＝夫の浮気に言及する妻自身も、夫に視線を合わせなかったり、アイロンがけなど他の作業をしながら、その話題にふれる、など。）

Ｃ　Ａ・Ｂのようなコミュニケーションは循環する可能性が高い。

以上のことから、夫婦や家族合同面接で協調的でスムーズな会話を行う際には、いくつかの技術が必要になってきます。それは、

①問題についてよりも解決に焦点を向けた未来志向のアプローチを取る。
②問題について直面させる場合、対人システムの維持を保証し、セラピストが代替機能を果たす必要がある。

①に関してはインスー・キム・バーグ（Insoo Kim Berg）の夫婦面接場面を分析したヴィクトリア大学グループのマクドナルドの研究を取り上げ説明したいと思います。また、②に関しては私と同僚が行った夫婦面接の方法について紹介することにしましょう。

〔1〕スムーズな会話の技術——解決志向アプローチのコミュニケーション分析から

私はこれまで、専門学校における学生相談、児童相談所、神経内科・心療内科外来などで、個人療法および家族療法を行ってきました。その中で、経験的に感じてきたことは個人面接に比べて、夫婦面接や家族面接など合同面接を行う際に、クライエント間のディスクオリフィケーションが目立つということです。ディスクオリフィケーションというのは、文脈を外した、意味内容の不明確なメッセージを意味します。例えば、家族ルールの変更について話し合う際に、会話は行われているのに、最終的には何もルールの変更が決定されなかったり。そんな経験は家族療法を実践する者なら誰しも経験していることと思われます。これをシステム理論から説明すると、強固な自己制御性が働いているということになります。また、別の言い方をすると、家族システムによる抵抗ということになります。抵抗の治療的利用について、MRI短期療法では、逆説（paradox）という具体的方法を提示しています。また、家族システムによるこの抵抗は非常に強固なものであることから、牛田ら（Ushida et al., 1995）は「一対多の戦い（One vs. Many）」として、ウドゥンディーという沖縄武術によるメタファーを使い、家族システムの抵抗処理をどのようにセラピストが行えばよいのかについて報告しています。

一九八四年に「抵抗の死（The death of resistance）」という論文を書いたド・シェイザー（de Shazer）は、抵抗という概念から共同という概念に認識論的移行を示しました。彼は、同僚であり、また、妻でもあるバーグと共に、BFTCにおいて、MRI短期療法を基礎に、共同という視点から解決志向アプローチ（Solution Focused Approach——以下、SFAと略す）という短期療法を築き上げたのです。日本には、一九八〇年代半ばに紹介され（ド・シェイザー&BFTCチーム　長谷川　解説・訳、一九八七）、現在、多くの臨床現場に普及しています。

すでに解決しているとき、および、その際の行動パターンを探索するテクニックに関しては、BFTCのインスー・キム・バーグが、ブリーフセラピストで最もうまいと定評があります。そこで、バーグによる解決志向アプローチのコミュニケーション分析を最初に紹介したいと思います。

①SFAについてのヴィクトリア大学グループの研究報告

ここではヴィクトリア大学グループのSFAに関する研究報告のまとめを紹介します。ヴィクトリア大学グループのマクドナルド（MacDonald, 1997）は、バーグによる夫婦面接場面のテープとトランスクリプトを資料に、コミュニケーション分析を行いました。その分析の結果、コミュニケーション上、セラピストによって行われていることを以下の五点にまとめています。

1　陳述の現実化（reality statements）

これは想像的で仮定的な陳述を現実の具体的な事象に移しかえることです。このセラピストの言葉によって、クライエントは未来について現実的で肯定的なビジョンを創造していきます。

例

バーグ（セラピスト）　……あなたが彼女に微笑むとき、彼女はあなたに背中を向ける代わりに向き合うでしょう。あなたは彼女がそうするのを見たときにどんな行動をとりますか？

ビル（夫）　わかりませんが、たぶん彼女を抱きしめると思います。

バーグ　おお、あなたは彼女を抱擁する。レスリー、あなたはどうですか？　彼があなたを抱きしめたら、あなたは何をしますか？

レスリー（妻）　うーん。もし彼が私を抱きしめてくれたら、私は彼を抱きしめ返すと思います。

バーグ　なるほど。ＯＫ。ＯＫ。その後はどんな行動をとりますか？

2　ときほぐし（unpacking）

これは包み隠さず話させることです。例えば〝こうしたことはあなたにとって、どのように役立ちましたか？〟などという質問によって間接的に促すことができるものです。

例

バーグ　それであなたがこのプライベートな時間を過ごしているとき、彼がどんなふうに過ごし、何をやっているのかについて会話をしたり、あなたがどんなふうに過ごしたのかを彼が聞いてきたり、子どもたちなしで時間を過ごしたり――こうしたことはあなたにとってどんなふうに役立っていますか？

レスリー　あなたの夫があなたにとってかけがえのない人であるように、親密で優しくって。私たちはベッドへ行って、愛し合って、幸せで。あのころはすばらしかった。もうあのころには戻れないでしょうけれど。

バーグ　ええ、ええ、そうですか。彼との特別な時間、あなたが彼と親密で彼をかけがえのない人であると感じる。これがあなたの探していたものなのね。

3 賞賛（admiration）

これは問題に対処するクライエントの能力を認め、解決可能なものとすることです。これは問題について話すクライエントの正当な権利とセラピストの解決志向の間に生じる緊張を解放し、クライエントのリソースに目を向けさせる一つの方法となっています。

例

レスリー　少なくとも私はやれる限りのことはやっているわ。
ビル　僕は平均週に七〇時間働いているんだよ。
レスリー　私だってそれと同じくらいは働いているのよ。
バーグ　そうね。
レスリー　それにそれは家事を除いてね。
バーグ　その通りよ。
レスリー　家での家事は含まずによ。
バーグ　本当にそうよね。
レスリー　私は基本的には家事をする責任があるわ、買い物とか……。

バーグ　（さえぎって）それにあなたのお子さんたちはまだとっても小さいものね。
レスリー　彼らはほんとに小さいの。
バーグ　五歳と三歳でしたっけ？
レスリー　そうよ。
バーグ　あなたは本当にいつも忙しいでしょうね。

4　選択的な内容の繰り返し（selective repetition）

これは良いことを繰り返し話させることです。つまり、問題に対する例外（exception）を拡張し、問題に対する解決への期待を与え、解決に焦点化させることです。

例

レスリー　私は彼に扶養者としても感謝しているし、夫としても感謝している。私は彼を愛しているわ。
バーグ　そうでしょう。
レスリー　それに私は彼が一生懸命に仕事をしているのをわかっている。
バーグ　そうでしょう、彼のことを愛しているのね。
レスリー　そう、そうよ愛しているの。

5　脱線化（derailing）

これはクライエントがプロブレム・トークに入った場合や夫婦間で不同意が生じた場合、すぐにソリューション・トーク（de Shazer, 1994）に導く方法です。例えば、〝その話題については後で話しましょう〟と述べ、誰もが答えられる質問である〝どんな仕事をしていますか？〟や〝どのくらい長く一緒に暮らしているのですか？〟という質問で話題をすりかえてしまう。また、これらはセラピストとクライエントの力関係を明らかにするものでもあります。

例

レスリー　……彼はほんとに多くの時間を家の外で過ごすの。
バーグ　うんうん。
レスリー　それで私は基本的には子どもたちの責任があるの。私が気がかりなのは……私たちが話しあうことができて、彼も責任があるということを理解してくれるようになるということが私たちがここに来ようと思った理由の一つなのだけれど……。
バーグ　ええ。
レスリー　（ビルに向かって）あなたが夜に必ずしもあなたの顧客ではない女性の人と会うことは別にいいのよ、ビル。
バーグ　そうね。

ビル　それは……。

バーグ　ちょっと、ちょっと待って、あなたの話に戻らせて、そのことはまたあとから話しましょう。レスリー、あなたはどんな仕事をやっているんでしたっけ。

上述の**1　陳述の現実化**によって想像的で仮定的な陳述が現実的なものへと促されたとき、**2　ときほぐし**と、**4　選択的な内容の繰り返し**がその解決への到達に必要な特定の行為についての明確な理解をクライエントに供給することになります。また、バーグの面接のコミュニケーション分析全体から印象付けられることは、セラピストは会話の話題をコントロールする力を持っているということです。それは、クライエントが問題に焦点化したり、葛藤的な会話を行う際、セラピストが肯定的な方向に会話の操作を行うことによって示されています（例えば、4、5）。

②問題‐相互作用モデル（problem-interaction model）の視点から

以上に述べてきたヴィクトリア大学グループによるＳＦＡの研究報告について、問題‐相互作用モデル（略称、ＰＩＭ）から考察したいと思います。ＰＩＭは、会話の話題が対人関係を危険にさらすという点でより問題のレベルが高く、その問題に関する話題の提示者が被提示者に対して、その反応を求める言及レベルが高くなればなるほど、被提示者の反応が脱文脈的で曖昧な（equivocal）反応になる可能性が高まるというディスクオリフィケーションの予測モデルです。この関係を模式的に示すと、図6－2のようになります。

図が示しているのは、より問題レベルの高い話題について、相互作用レベルが高まると、その受け手の反応が曖昧になっていくことを示しています。ですから夫婦療法や家族療法における会話の中で、問題に言及していくことは、モデルによる予測から曖昧で脱文脈化した反応が多くなることで、協力的で協調的な会話が妨げられるということが推測されます。一方、バーグは会話の話題の問題レベルが高くなり、言及レベルが高くなる状況では次のように対処しています。

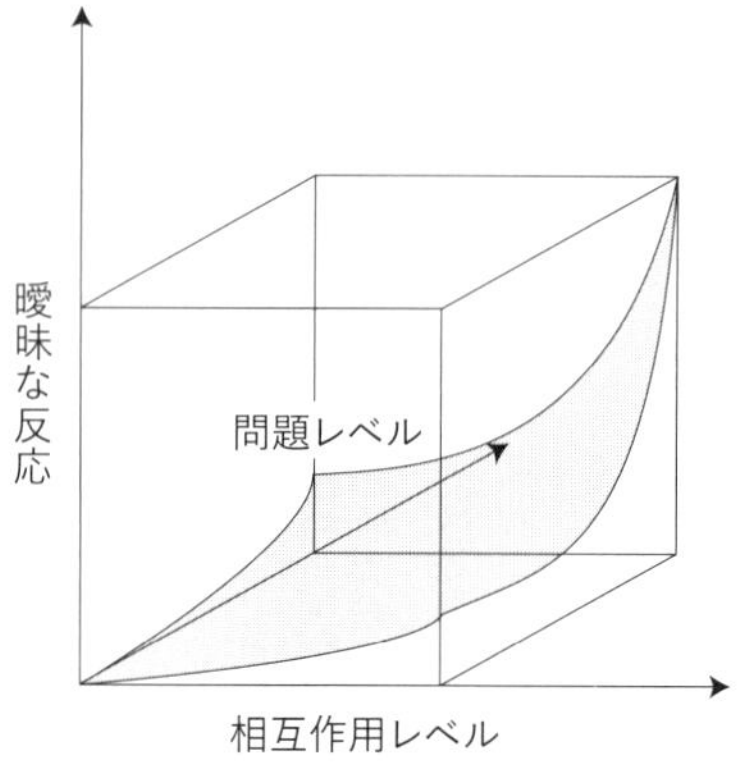

図6-2

〝ちょっと、ちょっと待って、あなたの話に戻らせて、そのことはまたあとから話しましょう。レスリー、あなたはどんな仕事をやっているんでしたっけ〟

このように問題レベルの低い話題に変化させることで、ソリューション・トークへと方向付けています。別の言い方をすると、プロブレム・トークが生じた際には、セラピストが話題を変化させることで、夫婦間の葛藤を回避させ、脱文脈化（disqualify）した会話ではなく、協力的で生産的な会話を進めていくよう会話を方向付けている、と解釈されます。これまでの伝統的心理療法や家族療法では、問題について言及していくことで会話の行き詰まりや、亀口（一九九五）が渦の中に引き込まれていくと表現する状態に陥る可能性が高く、それに対してSFAではそうした可能性は低いとPIMから予測されるわけです。ヴィクトリア大学グループにおけるコミュニケーション分析の報告ではSFAの治療効果についてはいっさい明らかではありませんが、相互作用システムとしての会話という視点を取った場合、SFAではよりクライエントからの抵抗を受けにくく、また、より協力的で協調的な会話が行われるということが期待されます。

③SFAと伝統的心理療法との本質的な相違について

SFAの面接のコミュニケーション分析からヴィクトリア大学グループは、伝統的心理療法とSFAを分ける大きな違いが少なくとも二つあると結論づけています。一つは、質問の前提がSFAでは肯定的であるということ、二つ目はクライエントの陳述に対するセラピストの要約の仕方が肯定的であるということです。これらはクライエントを健康な人間として捉え、問題を外在化したものの見方をしている結果かと思われます。バーグの質問の前提や要約の仕方が肯定的であるというヴィクトリア大学グループの抽象度を上げた分析結果は、治療というものが一つの会話のまとまりによって構成されるという認識において役立つものです。SFAの技法として良く知られている例外の探索、奇跡の質問、尺度化の質問などの技法は、SFAにおける治療的会話を作り上げる一つの手段に過ぎません。治療的会話の構成には、その他のより多くの手段があると考えられるわけです。SFAでは、質問の前提や要約の仕方が肯定的であるという分析結果はより抽象度を上げていますが、明確でもある知見であり、治療的会話を構成するその他の手段を生み出す可能性を見出すことができるものと思われます。

〔2〕セラピストの代替機能——夫vs妻＋サブセラピスト

【事例14】自由になりたい妻と支配する夫

IPは気分変調性障害（Dythymic Disorder：DSM-IV 300.4）と診断された四二歳の女性。家族構成は、IP、夫（五〇歳）、子ども三人の五人暮らし。IPは慢性的なうつ状態であり、衝動的に死にたくなり、自殺（未遂）をした経緯があります。身体面では頭痛を頻繁に訴えます。また、入院して以来、体重が増加したことを気にしており、体重の増加は抗うつ薬によるものと思い込んでおり、担当医師やTHが説明をしましたが、薬を飲むことに拒否的です。

以下は一五回の合同面接での夜遊びのルールについての話し合いの様子です。ここでは、夫婦関係を気まずくする夫婦の夜遊びのルールについての話し合いを治療システムによって保証し、夫婦間のコミュニケーションパターンに変化をもたらすために、勢力の弱い妻とサブセラピスト（以下、Sと略す）とが連合するという方法を用いました。問題について直面させる一つの方法としてお読みいただければ幸いです。

TH　ちょっといいですか、ちょっと、こっち入ってもらえますか？（Sに対して）あのー、旦那さんの考えがあるわけです。しかし奥さんは納得いかないわけです。納得いかない。それで、旦那さんの方が、私から見てると非常に力がある。まあ二人のご関係の中では力がありそうに見えるんですね。それは誤ってませんか？

妻　（旦那の方が）力があります。

TH　よろしいですか？　もしその見方が間違ってないならば、（Sに対して）いいですか、奥さんの意見をフォローして下さい。

S　はい。

TH　で、旦那さん、これでバランスがいいんじゃないかと。（妻に対して）いいですか、助けに入りますんで、（Sに対して）お願いします。

妻　でも、娘と一緒に温泉に行っても早く帰ってこいって、さっぱり面白くない。ねえ、娘と行ったのに。

S　うん。

妻　そんなんまでも言われたら……。

TH　どういうふうに怒られたと思うんですか？

妻　早く帰ってこい、いつまでご飯を炊かないのかって。

ＴＨ　全然怖くないんですけど、怒っているように見えないんですけど、あんまり伝わってこない、どんな感じなんですか？

妻　早く帰ってこい！　ご飯作んないのか！って怒ってる。怖い、遊び行ったのに私。

ＴＨ　どうですか、その辺？

夫　いや、遊ぶのはいいよ。

ＴＨ　何がその時は気にくわなくて怒るんですか？

夫　いや、遊ぶのはいいのよ、ただやることはきちっとやれって言うのよ。

妻　だってー。

Ｓ　あのー、週に三日も四日もっていうんだったらやっぱり問題だと思うんです。けど、二週に一回とかならば……。遊ぶとどうしても七時とか八時とか過ぎてしまって夕飯とか作るのめんどくさくなるじゃないですか。その時は奥さんがお弁当を買ってくるか、後は近くの総菜屋で……。

妻　それがね、電話に出ないの。私が用事あって今日、もしかしたら遅くなるかもしれない、出前食べるか、お弁当買ってくるかどうしようかと思って、電話かけると絶対出ないのよね。

夫　出ないいんじゃない、たまたまいないんですよ。

妻　嘘、出ないの、出ないの。
夫　たまたまいないんです！
ＴＨ　いいですよ、あの、ここ、本当のこと言いましょうね。
夫　たまたま。
ＴＨ　いてもいなくても別にいいんですよ。
妻　いるのに出ない！　だからこっちがわかんなくなってしまう。
Ｓ　お弁当を食べるというのはいやですか？
夫　いやというわけではない。
Ｓ　でもなんかこう面白くないなっていうのは？
夫　いや、そんなことないよ。俺が言うのは、きちんとやらなきゃ駄目だって思う。
妻　嘘だよー。
ＴＨ　いや、ちょっとそれ嘘なんですか、ホントなんですか、ちょっとわからない。きちんとって言うのは、具体的にどういうことか伝えてもらえますか？
夫　んー、やることはやるのね、すごくね。もちろんご飯炊きもするけどね。ただ、こうなんて言うんだろ、時間に帰ってこないこともあるけどさ、それは、例えば、出かけていて八時、九時まではね、遊ぶ必要ないと思うんだよ。例えば、出かけていても、帰ってきませんよって、メモして書いてあれば、家にいる者はきちっとご飯食べますよ。

TH　八時、九時を遅いとご主人はお考えだし、その時間の感覚のズレっていうものがもしかしたらあるんじゃないですか？

夫　俺がなぜこれほど厳しいかって言うと、俺の親父はすごく厳しかったんですよ。すごくね。もう八時か九時に帰ったら、家に入れなかったんですよ。うちの親父はすごくすごく厳しかったですよ、うちの親父は。

TH　どうでしたか？

夫　その時？　どう、いやー、かえって、一緒なっても、俺もルーズだけど、さらにルーズだなって思ってますよ。すごくね。少しずつ直して行かなきゃ、直そうっていう気持ちで引っ張ってきたわけですよ。

TH　お感じになりましたか？

妻　でもねー、お弁当買いにも行かないし、電話は全然出ないんだよ。

TH　あの、ちょっと、まず、遅いっていう時間は何時が遅いとお考えですか？

妻　二時ちょっと。（笑）

TH　（笑）

夫　そうでしょ！　自分では当たり前だと思っているんですよ。

TH　分かりました。それにしても、お互いに極端なような……。二時も極端だし、子どもじゃないから八時、九時っていうのも。

妻　九時に帰れないよね？

ＴＨ　うん、それちょっと難しいかもしれないですね。

夫　俺なんか、飲みさ行っても、遅くても一時には帰ってきますよ。

ＴＨ　それだったら、今、時間とか決められますよね？

夫　ようするにルーズなんですよ、この子は。飲みに行くなって言うんではないんですよ。

Ｓ　ルーズって言っても、怒られるって思うと、言いたくなくなってしまうんじゃないですか？

夫　うーん、要するに、一時なら、一時までに帰ると、一言書いていけばそんなことないですよ。

ＴＨ　とても建設的な考え方だと思うんですけど。

夫　それを一二時だの、さらに、一時過ぎになっても来ない、三時になっても来ない、四時になっても来ないっていうんじゃ、誰だって心配しますよ。

ＴＨ　それはどうですか？

Ｓ　とても良いことおっしゃってくれたと思うんですけど。

夫　そうですよ。

ＴＨ　ですか？

妻　でもねー、飲みに行くと、時間は何時かわかんない。

S　うん、うん、うん。
TH　えっ、でも、その辺は大人なんだから。
S　じゃあ、例えば今日一二時、一二時くらいまでかなーと思ったら、一時って書くというのはどうですか？　携帯電話持ったらどうですか？
妻　携帯電話持ったら駄目って、いろんな人に電話かけるから。
TH　自分でその辺はコントロールしないと、しなかったら旦那さんの言ったことが正しくなってしまいます。私が審判しておりますんで。（一同笑い）
S　だけど、ちょっといいですか、私がこの方の肩を持つ係ですので言わしていただきますとですね。やっぱり奥さんも旦那さんを選ばれたということは、非常にもともと堅実なものを持ってる方だと思うんですよ。しかし今は押さえつけられてることから、反発心が出てるっていう状態じゃないかって思うんですよね。
TH　しっくりきますか、奥さん？
妻　はい。

このケースのその後の経過は次のようなものでした。

●第一六回面接

最近、夫がフィットネスクラブなどで外出が増え、一方、ＩＰは「あまり外出したくない」と述べました。スケーリング六〇点。ＴＨが「八〇点になったら？」と尋ねると、「頭がすっきりして考えることができるようになります」と述べました。右後頭部の感覚からフォーカシングを実施しました。

●第一七回面接

（個人面接）飲みに行ったこと、「友人に明るくなったね」と言われたことを報告しました。薬は全く飲んでいないとのこと。スケーリング四〇点。ＴＨが「一〇点アップしたら？」と尋ねると、「仕事を楽しくしてる」「友達と遊びます」と答えました。次に、ＴＨが「二〇点あるいは三〇点アップしたら？」と尋ねると、「くよくよ考えない」「楽しいこと考える」「行ったことのない店、……海に行く」と答えました。例外的行動パターンを探索すると、家族でレストランに行ったときの話になりました。

（夫婦合同面接）夫は最近の妻（ＩＰ）の状態を八〇点から九〇点と評価。「仕事に進んで行くようになりました」と報告しました。ＩＰは最近、笑って仕事ができると話しました。介入として、小旅行やドライブなどを夫婦でしてみることを提案しました。これは夫婦の相互作用パターンの変化を意図した介入です。

●第一八回面接

スケーリング五〇点。ＩＰは「良くなっていると思う」と報告。ＴＨが「どのように分かりますか？」と尋ねると、「薬は全く飲んでいない」「会社で身体が動きます」「話もするようになっている」「明るくなったと周囲に言われました」と話しました。また、夫の制限が弱くなり、夫の外出が以前は月に一回くらいでしたが、週に一回に増えたことを報告しました。ＩＰは病院にはもう来なくても大丈夫だと思うが、夫が心配して通院して心理面接を受けるようにと述べていると話しました。次回、夫婦合同面接を行い、終結について夫を交えて考えることを伝えました。後日、夫婦合同面接（第一九回面接）を行い、ＩＰの状態を確認し終結としました。

このケースは入院中の面接を含めて約八カ月間で一九回の面接を行い、終結に至ったケースです。第一五回面接以降、夫婦の相互作用パターンに変化が見られるようになりました。それは、夫が外出することが増え、妻を制限することが少なくなったことで、妻は外に遊びに出たいという欲求が減少していることです。また、それに付随して妻の抑うつ感が減少していきました。

第一五回面接で、セラピストたちは、夫婦の関係性を保証し、夫婦に問題について話し合いができるよう援助しました。初め夫も妻も問題について言及する際に、視線をセラピストに方向付けていました。しかし、後半ではお互いに視線を送り合う回数が増加してきました。これは、ＰＩＭによって予測されている「問題についての話し合いは曖昧になり、その曖昧さが解決を延期し、葛藤を潜在化させる」という見立てから、曖昧でない会話を夫婦ができるようセラピストがフォローしたケースと言えるでしょう。

5 ソリューション・フォーカシング

本章の最後に私が行っているソリューション・フォーカシングを紹介したいと思います。ソリューション・フォーカシングというのはジェンドリンによって提唱されたフォーカシングを短期療法的にアレンジして私が用いている身体感覚に焦点を当てた短期療法的アプローチです。

一般的にフォーカシングでは気になる部分に焦点化していきます。このやり方は導入では身体感覚の「なんだか気になるな」という部分から入ります。その「気になる」感覚をフェルトセンスと呼びます。そのフェルトセンスをイメージ化したり、言葉で表現するよう導いていきます（参考として、ジェンドリン・池見、一九九九）。

私はこのフォーカシングを短期療法的にアレンジして用います。すなわち、フォーカシングと同様に最初は気になる身体感覚に焦点を当てていきますが、最終的にそれに相対するイメージに焦点化させていくことから、ソリューション・フォーカシングと名付けています。ソリューション・フォーカシングを用いた事例を一つ挙げることにします。

【事例15】頭のしびれと不眠を訴える中年女性

邦子さんは慢性的な頭のしびれと不眠を訴えるうつ状態を呈した五〇歳の患者さんです。

ＣＬ　何で眠れないんだろう。

ＴＨ　邦子さんの身体に聞いてみましょう。

［リラクゼーション：椅子に座ったまま首をぐるぐるさせ、弛緩させる。目をつむらせ、お花畑を思い浮かべさせる。］

［頭のてっぺんから、足の先まで、感覚に焦点を当てさせ、気になる部分を探索させる（ＣＬの体には触れない）。］

ＴＨ　重いところは？

ＣＬ　左の頭のわき。肩、太股……左側の。

ＴＨ　他に気になるところは？

ＣＬ　頭。

ＣＬ　頭が気になる。小さい頃殴られた。

ＴＨ　今の痛さと殴られた痛さは違いますか？

ＣＬ　しびれる感じ。

TH　しばらくその痛みと一緒にいることはできますか？
CL　くるしい。
TH　しびれた小さい頃の部分に語りかけていいですか？　その部分に語りかけてみてください。
CL　……。
TH　どう返していますか？
CL　痛いと言ってる。

TH　動きはありますか？
CL　母親が出てきてたたいたイメージが出てきた。あと、小学校三年の頃いじめられた記憶が出てくる。あと家を建てたとき石を投げた隣人。会社でいじめた人。憎い！　殺してやりたい！

TH　それらの人に殺してやると言ってみてください。反応ありますか？
CL　できない。
TH　相手のイメージはできていますか？
CL　いじめた人が浮かんでくる。
TH　もう一度、言ってみてください。反応はありますか？
CL　ない。

TH　その人の他に何か見えますか？

CL　石が浮かんでくる、投げられた石。

TH　出てきているイメージの共通点はありますか？

CL　性格が似ている。

TH　色でいうと？

CL　赤。

TH　頭のしびれの感じは？

CL　変わらない。

TH　これらの画像をこれまで並べてみたことはありますか？

CL　ない。

TH　共通点は？

CL　殺したいくらい。

TH　そのイメージの所に赤い（先ほどCLが赤と言ったので）テープを貼ることはできますか？

CL　できます。

TH　心の中でこういってください。あなたたちは私が殺してやりたい人だ！　そのテープで印を付けて一度消えてください。また、印を付けてあるんだから引っぱり出してやるからな！　と。

TH　消えましたか？
CL　消えない。
TH　もう一度、お前ら帰れ！　と。
CL　なんか消えていった。

TH　赤のイメージと全く逆の色は？
CL　紫。
TH　紫色で頭を覆ってください。……何か浮かびますか？
CL　さっきの二人を紫のひもで首を絞めています。
TH　どうですか、気持ちは？
CL　いいです。

TH　これをぐっと狭めてテープにしてしまってください。
CL　はい、できました。
TH　また会おうね、お別れだ、と言ってください。
CL　消えました。
TH　深呼吸して……どうですか、気持ちは？

CL　すっきりしました。頭の痛みが消えました。

私はフォーカシングの短期療法的応用の中で、いくつかの発見をしています。それは、身体感覚に焦点化できないクライエントに対して、身体の一部をつねることで、身体感覚への注意を促せることが多いということ、また、ソリューション・フォーカシングを使用してはいけないケースとして、転換性ヒステリーの患者や統合失調症の患者が挙げられること、などです。

6 まとめ

以上、短期療法のテクニカルな面を紹介しました。これらのテクニックは臨床実践における効果という点から、また、実証研究から導き出されたものです。実証研究の利点は効果的な要素や家族システムの性質を明らかにすることにより、より多様な具体的テクニックが生み出せることにあります。具体的方法の多様化は、多様なケースを扱う臨床家の行き詰まりを打開し、解決の幅を広げていくことになることでしょう。それらを願い、私たちは臨床実践と実証研究を日夜続けているのです。

第七章

短期療法の展開

本章では、最終章として、ここまで本書で述べてきたことを踏まえながら、近年の私たちの短期療法の展開について解説していくことにします。近年の展開は私が東北大学に戻り、筆者らがともに体験することとなった東日本大震災という大きな出来事の影響や、精神科医師であり、日本ブリーフセラピー協会本部研究員制度のトレーナーである佐藤克彦先生との出会いの中で生じてきたものということができます。

1 心理療法の効果要因から

ランバートらは、心理療法に関わる各要因がクライエントの改善に貢献する割合を推定しました

（Asay & Lambert, 1999）。クライエントに関わる変数と心理療法外の出来事が四〇％、セラピーにおける人間関係が三〇％、期待感とプラシーボ効果が一五％、技法・モデル要因が一五％と結論付けています。ランバートらのメタ分析による一連の研究にはさまざまな批判がありますが、私たちセラピストに示唆を与えた重要な知見を提示した研究であることに代わりはありません。短期療法はさまざまな事柄を利用するアプローチです。

【事例16】腹痛に悩む青年

ここで私がメイン・セラピストとして行ったケースを紹介しましょう（Kobayashi et al., 2016）。一〇代の生徒です（以下、ＣＬ）。主訴は、どうしても治らない突発的な腹痛をどうにかしたいというものでした。家族構成は、父（五〇代、会社員）、母（五〇代）、弟（一〇代、生徒）。ＣＬは幼少期の頃から胃腸の弱さを抱えていましたが、Ｘ－二年辺りから腹痛の症状が悪化。Ｘ－一年の一〇月に内科を受診し、アレルギーを含めほぼ全ての検査をしましたが異常が見られず、過敏性腸症候群（ＩＢＳ）の診断を受けました。その後、心療内科を受診し、精神安定剤による薬物療法が実施されるものの症状の改善が見られず、途中で服薬をやめてしまいました。ＣＬは当初は治療に対して前向きではありませんでしたが、この痛みから解放されるなら相談に行きたいと思い立ったとのことで私のもとに来談しました。面接はＣＬと母親の親子合同面接の形態で行いました。（以下、「　」はＣＬの発言、『　』は母親の発言、〈　〉はセラピストである筆者の発言です。）

●初回面接（X年三月八日）

最初に主訴として、突発的な腹痛をどうにかしたいことをあげ、薬を飲んでも効かなかったこと、「この痛みから解放されるなら相談に行きたい」という思いで来談したことが語られました。症状に関しては、下痢の痛みのような感じで、トイレにすぐ行きたくなるような状態とのこと。また、ここ一、二年が今までにないほどひどい状態であると語りました。THが〈何か心当たりはある？〉と訊ねてみたところ、学校においても部活においてもこれといったストレスは感じることがなく、イマイチわからないと語る。**THが〈お腹痛い事自体がストレスでしょ〉と返した**ところ、「多分そうかもしれないです」と応じました。**THが〈何回で治りたい？〉と訊ねた**ところ、治るために手段は選ばないこと、早く治したいが、治るのであればどんなにかかってもよいと話しました。また、問題の対処に関して、今までCLが実践してきたこととして、トイレに行くこと、下痢止め、整腸剤を飲むこと、保健室で横になること、早く寝ること、暴飲暴食を避けることがあげられました。母親の工夫としては、飲むヨーグルトを毎朝飲ませていることが語られました。その後、通院歴について訊ねたところ、心療内科で行った心理テストで神経質傾向と伝えられたエピソードが語られました。CLによると、自身はマイペースだと思うので自覚はないとのこと。THが〈お母さんから何かアドバイスはありますか？〉と母親に訊ねたところ、最初はそんなこと気にしなくてもよいのではと考えていたが、現在は息子を何とかしたいと考えていること、話がわかる人にCLの気持ちを支えて欲しいと語りました。**THがCLに〈気持ちとかはどうでもよくて、はやく治りたいんで**

しょ?〉と問いかけると、CLは「気持ちとかはどうでもいいです。理解してもらうとかそういうことじゃなくて、この現象をどうにかしたい」と回答した。続いてTHが、10がきつくて起きられない日で、0が全く痛くない日と仮定してスケーリングを行ったところ、良い日は3だとのこと。CLは、「朝起きて、断続的に腹に何かある感じ、痛みとか違和感がずっとあってそれがだんだん大きくなって、そこから、トイレや保健室に行くんです」と症状について具体的に話し、その痛みや違和感が大きくなるタイミングで授業に出られないことがない状態が3であること、一~二回ですむ場合が5、起きられないのが10であると説明しました。また、トイレに関しては、学校で一日平均五~一〇回行くとのこと、THからは〈そんな状態だったら、普通家に帰っちゃうよ〉と伝えました。THが昔は(腹痛が)なかったのかどうか、いつから始まったのかどうかを訊ねたところ、最も古い記憶からずっとお腹が弱かったと語りました。また、ここまでひどくなる前はただのお腹が弱い人程度の腹痛であったとのこと。そこでTHから〈私はこう思っていて、神経質って(心療内科の)先生に言われたらしいけど、お腹が悪いからそれに意識がいって、さらにストレスが悪化しているんじゃないかなって、というのは、男の子は特に中高で神経質っぽくなるんですよ。それがずっと続くってことはなくて、ほとんどなくなるんです。例えば、よくあるのは膝の痛みとかね〉と説明したところ、かつてサッカーに熱中していた頃は、膝が常に痛かったが、腹痛があまりなく、サッカーを辞めた後に腹痛が生じて、膝の痛みがなくなったというエピソードが語られました。THがサッカーでの膝の痛みもそこに意識が向いているから痛みを感じることがあると説明すると、納得した様子。そこで、THが〈方向性が見えてきたけどどうしようか。陰気くさいことよりは、面白いことやりたいよね〉と伝えると、「楽しいことをやっていても『痛くなるなよ』って意識してしまうんです。だから確かにそれが神経質っぽいと言われるとそう思う」と語り、エピソードとして、ずっとレゴとかずっと絵のように、昔から一つのことにこだわる傾向があり、現在はそれが腹痛になっていることが語られました。また、あまり人の話を聞かないため、誰かに何か言われても、ストレスなどは感じたことがないこと、以前通っていた心療内科で、一方的にストレスが原因と言われたことに対して腹が立ってしまったというエピソードも語られました。**THから〈お母さん、せっかく来たんで、何か家でできることはありますか、褒めるとか優しくするとか今までもやってこられたと思うし、まともなことやってても良くならないんで。身体の痛みが**（他の場所に）**移ると嫌なので、お母さんから心の痛みを与えるというのはどうでしょうか？〉と提案した**ところ、母親は笑いながら考える素振りを見せた。（中略）

THから、現在お腹に注意が向くことがストレスになっていることを伝え、〈ちょっとでも、3が多くなるとか、そういうのでいいんだけど、一つ目としては、トイレに行きたくないではなく、トイレに行く回数を最初から増やして、行きたくなくても行ってみること、例えばいつもが四回だとしたら、五回は行ってみること、二つ目としては、意識するなって言っても意識しちゃうでしょ、**これまでと違うアプローチをして、意識の向き方を変えよう。**違和感あるわけじゃん。**そこでお腹の痛みに『あばれる君』**（お笑い芸人）**って名づけたいと思います。**（腹痛に対して）**ふざけんなよって**

思っているでしょ。違和感感じたら、『あばれる君！』って、『暴れたいだけ暴れてみろ！　お前みたいなやつが暴れたっておれはいいんだ！　来いよ！　暴れてみろよ！』って。今まで集中妨げられてもずっと打ち勝ってきたし、全然大丈夫、勝ってきた事実があるので、『やってみろよ！』ってやってほしい〉と介入課題を二つ提示した。この点に関し、母親は気分が軽くなったと語り、ＣＬからも同意が得られました。ＴＨからは、〈病院と一緒、うまくいったか知りたい。早く治りたいんでしょ？　早めに来て〉と伝え、その場で予定を調節し面接を終えました。

●第二回面接（X年三月二四日）

前回の面接での介入を踏まえ、**ＴＨが〈ないとは思うのですが、前回の面接から何か変化はありましたか？〉と訊ねた**ところ、最初の一週間は楽になったが後半の一週間は元に戻ったことが語られました。そこで、〈最初の一週間は比較的楽になったのですね。お母さんから見て何かきづくことがありましたか？〉と母親に問いかけたところ、最初の一週間は朝起きるのがスムーズだったこと、学校に行くときの様子もいつもより良かったということが語られました。ＴＨが痛みの様子について具体的に聞いたところ、よくなった点に関しては、痛みの最大値の時間が短くなったことをあげた。また、痛みにはパターンがあり、食後に一定の間隔でお腹の中に違和感が生じ、その違和感を意識しすぎるために腹痛が生じるとのこと、〈最初の一週間は何が効いたと思う？〉と訊ねたところ、「最初は正直効くのかどうか半信半疑というか、本当にこんなことをするだけで痛みがなくなるのか信じられなかったです。でも実際にやってみたら、痛みが来ることに対して準備ができた感じ、楽しみというか、言われたことを試してみたくなって、早く来い！って感じでした。多分こう思っていたのが効いたんだと思います」と説明しました。続けて「後半の二週間は効かなくなったんですけど、その理由がおそらく慣れてしまったからというか、なので別のキャラクターを想像するのはどうかと考えました」と前回の課題に対する反省と修正案を説明しました。実際に修正案を行ったかどうかを訊ねたところ、「いや、今回の課題の結果を報告したかったのでまだやっていません。課題の結果をそのまま報告したかったので」とのこと。次回までにその修正案を行ってみることを新たな課題として提示し、母親に子育ての秘訣について訊ねました。（中略）

〈私たちの考えとしては、過敏性腸症候群よりも軽めの強迫神経症をどうにかすることが重要なのではないかと思いました。ここをどうにかすることが結果として腹痛の解決につながるのではないかと考えています。（中略）だけどA君の状態は強迫神経症という名前を付けるよりももっと軽めの症状だと思うので、お薬に関しては最終手段に取っておきましょう。そこで今回は課題としてまず、最初にA君自身が言ってくれたこと、自分で考えた方法を工夫して実践してみてください。あともう一つ、多分自分で考えることができると思いますけど、食事の時間、その後のトイレの時間を少しでも変えることはできますか？〉とTHが切り出したところ、「難しいですね」とCLに少しの抵抗が見られたが、〈私たちの見立てでは、今までの生活リズム、パターンが腹痛を維持しているのではないかと考えています。私も今のところ同じような毎日を過ごしています。だけどいいんです。幸いにもお腹が痛いことはないので〉と見立てを話したところ、「なるほど、わかりました。やってみたいと思います」と同意を得られました。THから〈**とても難しいことを言っています。強敵ですよ。**工夫ができると思いますので、次回やってみてどうだったかを教えていただきたいと思います〉と伝え、面接を終えました。

●第三回面接（X年四月一一日）

前回面接と同様**THが〈大きく変わってはいないと思うのですが、何か変わったことがあれば……〉と切り出した**ところ、CLは前回の面接から三日間ほどやばい日はあったが、腹痛が気にならなくなったことを報告しました。母親に〈お母さんから見て状態は？〉と訊ねたところ、『すごい落ち着いた気がします。何より本人から自分を変えたいっていう覚悟が感じられる』（中略）

THが少しずつよくなっている状況をみて〈どうしてこんなに変わったんだと思う？〉と質問したところ、「考え方が変わったんだと思います。今まではどうして自分だけお腹の痛みがあるんだって感じだったんですけど、この痛みが制約なんじゃないかって思えるようになりました。あの、つまり、自分はこのお腹の痛みを抱えているじゃないですか。でもそのおかげで勉強の時に集中できたりするし、でもお腹の痛くない人もお腹が痛くないという制約を抱えていると思うんです。自分ができることができないみたいな。誰しもハンデを抱えている中で自分が抱えているハンデなんだなって思うことができるようになりました」と考え方に変化があったことが語られました。**THは**

〈すごいですね。カウンセラーがやるべきことを自分で見つけてしまいました。料金って安くなるんでしたっけ？　お腹が痛いことがあってもやっていけるという考え方になっている〉と返しました。ここで母親の感想を聞いてみたところ、今までCLの将来や自立に関して不安に思っていたが、希望を持つことができたとCLの変化を肯定的に評価している様子。

今後に関して、〈多分もう自分でなんとかできちゃうんだろうとは思うんだけど、何かこっちからお手伝いできること？　必要なことってあったりする？〉と訊ねたところ、「そうですね。人に言われればやれるんです。なのできっかけというか、まず次へのヒントが欲しいです」とのこと。〈そうですね。今、結構よくなってきているでしょ、それあまり周りに言わない方がいいよ。つまらない授業ってあるじゃん。そういう時にお腹が痛いのを使って抜け出すのもありだと思う〉と伝えると、「そうですね。今までも使うことはありました。実際に痛いっていうのもありましたけど」と以前から腹痛を利用して授業から抜け出していたエピソードが語られました。〈そうなの？　痛くなくても今までどおり使っていいからね〉「そうですね。その方が時間を有効に使えそうなんで、今まではなくせればいいのかなって思っていたんですけど、50でも10でも減らせればいいのかなって思いました。腹痛も使っていきたいです」〈はい、それがヒントです。あとは自分でやっていけると思います。そしたら次回の予約は取らないようにしましょう。またひどくなった時に来てもらえればいいと思います〉と最後の介入を行い、ケースを終結しました。

以上の事例（特に太字部分）を参考に、心理療法の効果要因について検討してみると、身体そのものや個人の思考の癖、症状やその個人が置かれた環境を利用し、ラポールの形成や治療動機を高めること、そして介入することを大切にしていることが理解されると思います。つまり、短期療法は、技法・モデル要因一五％に入れられるものは、リフレーミング、質問法やスケーリングなどの類ですが、利用アプローチやシステミックな視点により、クライエントに関わる変数とセラピー外の出来事四〇％、セラピーにおける人間関係三〇％、期待感とプラシーボ効果一五％を、本来、その内側に内包した心理療法だということがわかります。

2 悲嘆・PTSD様反応への短期療法――スリー・ステップス・モデル

東日本大震災のような大規模災害において、人々は家族や友人などの親密な他者を失い、また、死を間近に見るなどの衝撃的な体験をした者も少なくありません。これまでこうした体験に基づく悲嘆反応やＰＴＳＤ様反応の予防や治療法として、〝ディブリーフィング〟や〝曝露法〟が一般的に取り上げられてきました。しかしながら、このディブリーフィングや曝露法はいくつかの批判とともに議論の対象ともなっています。

〔1〕ディブリーフィングと曝露法

まず、ディブリーフィングとは個別的なフォローが困難となるような大規模災害などにおいて、より初期に当事者同士が互いに体験を語り合うことで自助効果をもたらす方法です。一方で、語り合うことにより、ストレス反応のぶり返しなど二次的問題が生じるという批判もあります。これらの批判を克服するためにはファシリテーターの豊富な技術や入念な準備が必要であると言われています（倉石　二〇〇九）。二次的問題を避けるためには、ディブリーフィングを行う時期が重要であると考えられています。つまり、この方法は惨事体験後、はやい段階で行われる必要があり、一度沈静化した後では二次的問題の危険性が高まると予想されています。簡易版として〝ディヒュージング〟という方法もあり、惨事体験直後での実施はより簡便です。これらの効果としては、自らのストレス反応をノーマライズしたり、また、サポート感の受容に影響していることが推察されます。

次に曝露法とは行動療法・認知行動療法における「刺激に曝されているうちに慣れてくる」（神村　二〇一二）という学習理論に基づいた治療法です。PTSD治療においては、特に〝持続的曝露法〟が有効であるとされていますが、心理教育・現実曝露・イメージ曝露など手続きが多いことから基本一〇回前後のハードなセッションを必要とします。そして最大の問題はセッション中に否定的イメージにダイレクトに直面させなくてはならないことから、実際に現場での使用が難しいという専門家の声が多いことです。つまり、効果におけるエビデンスがある一方で、適用に関する制限を有する、ということができます。

〔2〕悲嘆やPTSD様反応に対するスリー・ステップス・モデル

ディブリーフィングから得られるノーマライズや被サポート感、また、曝露法に見られる記憶への直面の効果をふまえ、私たちは短期療法に基づいたスリー・ステップス・モデルを提案しました（若島他　二〇一二／参考として、長谷川・若島　二〇一三／二〇一五）。

悲嘆やPTSDといった災害や被害ストレスにおける問題は、多くの場合に時間の経過とともに少しずつ自然回復していきます。しかしながら、それを知らない当事者は当たり前に自身の問題に戸惑い、徐々に回復していたとしても、そのことには気づきにくいものです。また回復のペースが遅い場合には、一刻もはやく何とかしたいという思いを持つこともまた当然です。そのような問題を抱えた当事者を安心させ、ときには具体的な対処について介入していくのがこのスリー・ステップス・モデルです。

ステップ①：当事者の現在抱えている症状や反応は、その状況を体験したことにおいて当然の反応である、という共感に基づいた一般化をする（ノーマライズ）。

ステップ②：PTSD様反応は、多くの場合において時間の経過とともに少しずつ軽減していくものであるということを前提とし、問題が発生してから現在までの間で、その問題の程度に少しでも違いがないかを確認し、これまで主体的に行ってきた対処や行動を支持する（do more &コンプリメント）。

ステップ③：悲嘆反応やPTSD様反応などは、避けようとすればするほどコントロールできなくなる。よって、あえて積極的に問題に対する意識を向けさせていくなど、何か違ったことをする介入の提示をする（リフレーミング&パラドックス介入）。

例えば、このスリー・ステップス・モデルを親しい人を亡くして悲嘆にくれる当事者に対して適用する場合、以下のような流れとなります。まずは、親しい人を亡くしたことによる悲嘆は、「当然の反応であり、決しておかしくなってしまったわけではない」、「このような状況ではそのようになるのは当然である」ことを伝えます（ノーマライズ）。次に、親しい人を亡くした悲しみや苦しさは、時間の経過とともに少しずつ減少していくという前提をふまえ、今の苦しさがはじまってから現在まで、その苦しさに「少しでも変化がないか」を訊ね、それまでの対処行動を支持します（do more &コンプリメント）。最後に、当事者がその記憶にとても苦しんでいるのであれば以下のように介入していきます。「その記憶はその人が確かにこの世に存在したという証」であり、「その記憶はとても尊いものである」ことを伝え（リフレーミング）、「毎朝時間を決めて、その人のことを思い出しながら、手を合わせて供養する」ように介入する（パラドックス介入）、といった流れです。ただし、これは単なる一例であり、必ずしもステップ③まで進む必要はありません。震災や被害によるストレス問題を抱える人々は、自身の反応が当然であることや少しずつでも回復していることを実感できた場合、そのまま様子を見ながら生活を続けることを選択する人も多いものです。その場合はステップ②までで充分な効果が期待できます。自然回復のペースが遅く、日常生活への支障が深刻な場合などにステップ③を用いるとよいでしょう。そして、ステップ③が困難なとき、ステップ①・②に戻るのがよいでしょう。

また、悲嘆やPTSD様反応といった記憶の侵入に関する問題に関して、次のようなシェマを仮定します（図7－1）。記憶想起のあり方は、私という主体から記憶へアクセスするというルートが一般的であると考えます（一般ルート）。しかしながら、悲嘆やPTSD様反応における記憶の問題は、主体が記憶にアクセスしていないのに、その記憶が主体に侵入するため、混乱して取り乱してしまいます（非一般ルート）。こうした問題を改善するためには、主体から問題となる記憶へアクセスすることで、非一般ルートから一般ルートへと問題となる記憶想起のあり方を戻していくことが必要となります（一般ルートの促進）。そのため、記憶の問題に関する事例におけるステップ③では、リフレーミングとパラドックス介入により、問題へと意識を向けさせるのです。また、短期療法では介入の意味づけを工夫することで、介入課題に対する実行可能性を高めていくことができます。すなわち、「記憶のルートをもとに戻すために、亡くなった人のことを毎日考えてください」（直接指示）ではなく、「亡くなった人を思い出して供養してください」（間接指示）などと伝えるように工夫

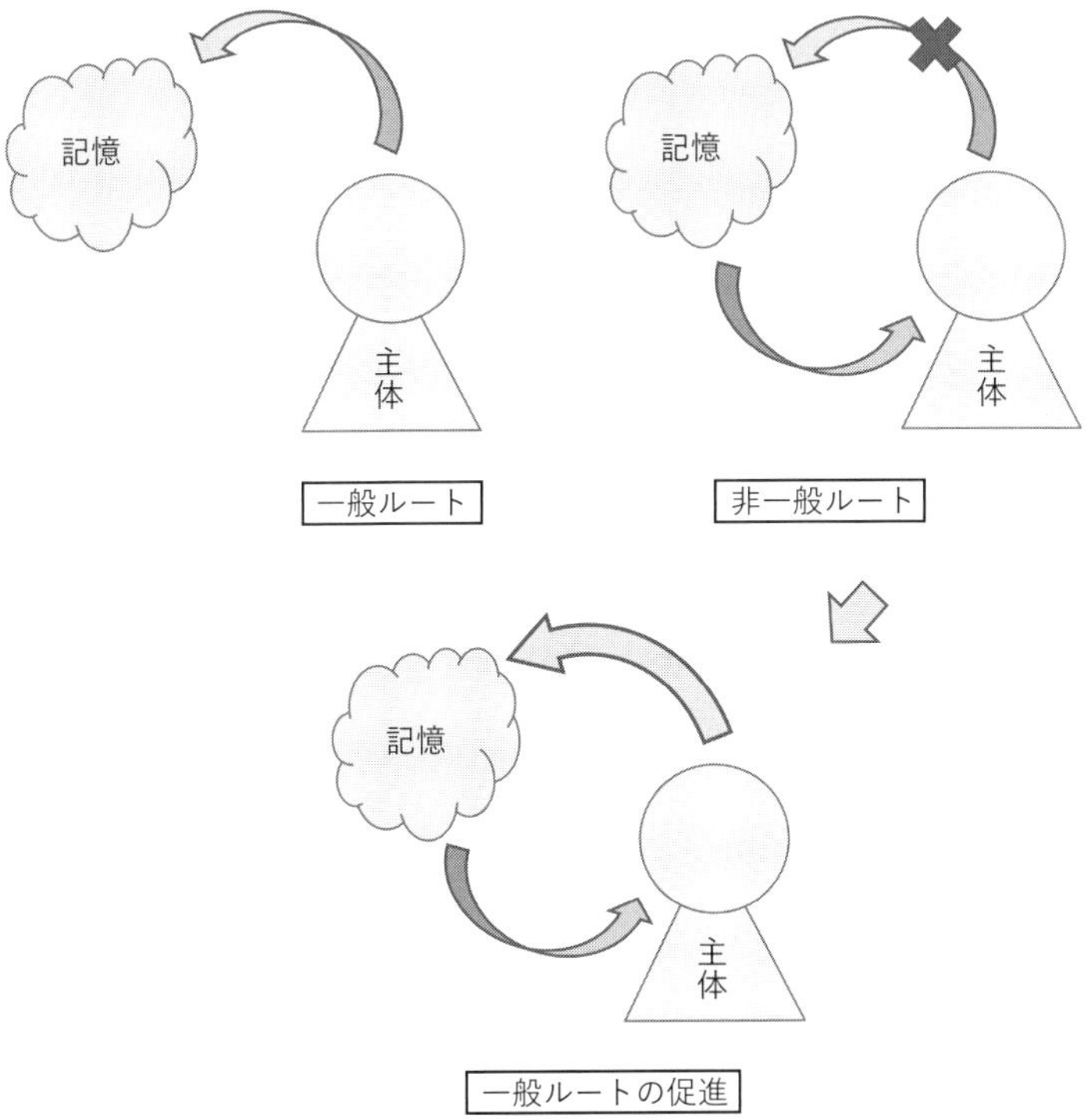

図7-1　悲嘆・PTSD様反応の記憶プロセスに関するシェマ

します。

本モデルに基づき、一定の機関からの紹介により継続カウンセリングが実施された全六事例について検討した結果を私たちは報告しました。対象は、東日本大震災において職業的災害救助者として遺体回収や探索作業に携わり、また自らも地震や津波の被害を受けることでストレス反応を示した人々でした。災害から約半年後、カウンセリングを自ら希望した方々です。これら全六事例では継続カウンセリングを実施し、終結までの平均面接回数は一・八三回でした。フォローアップの結果も全ての事例で順調でした。

3 まとめ

短期療法とは、特有の原理に基づき、問題解消のための変化を促すことを中心にモデル化された心理療法です。その原理をいくつか示すならば、（1）ほとんどの問題は人間関係の中で生まれ維持されるとすること、（2）セラピストの仕事は、クライエントが何か新しいことをするように促すこと、（3）ほんの小さな変化が必要なだけであり、したがって治療目標は最小限に必要とされるものでいいとすること、（4）セラピストに必要なことは事態がどうなれば問題が解けたことになるかを知ること、などです（de Shazer et al., 1986）。

現在、解決志向アプローチが多くのユーザーに利用されており、産業組織領域ではブリーフ・コー

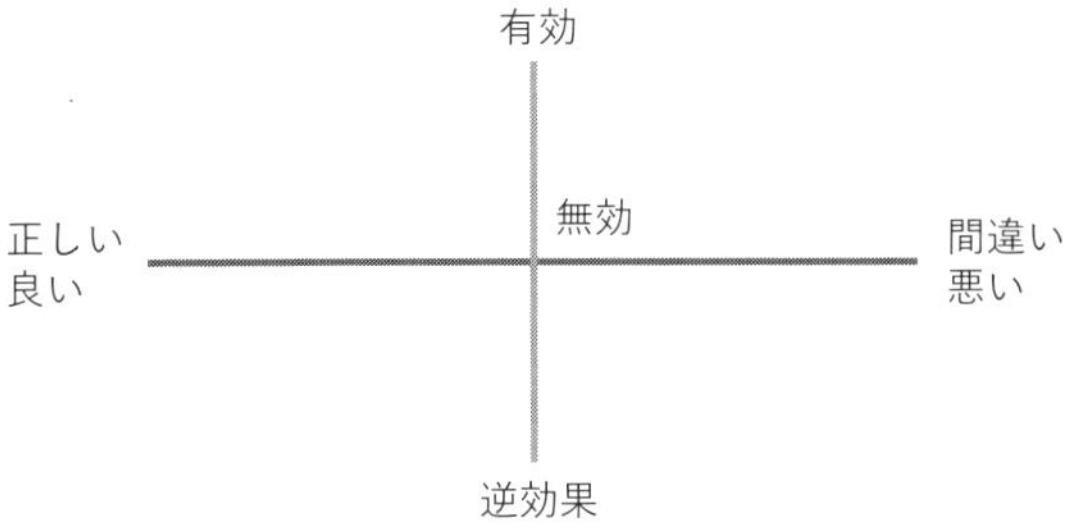

図7-2　臨床のプラグマティズム

チングとして、また、児童福祉領域ではサインズ・オブ・セイフティーとして展開しています。こうしたさまざまな応用や展開がある中、短期療法の本質は忘れられがちです。

短期療法は専門家中心的解釈を優先しない、クライエント・ファーストの心理療法です。クライエント・ファーストで考えた場合、その本質は実にシンプルなものです。佐藤（二〇一七）は次のようにまとめました。（図7－2）。

横軸は一般的知識・専門的知識から見た「正しい」⇔「間違い」、あるいは「良い」⇔「悪い」という軸です。さまざまな心理学研究や心理療法モデルの知見はこの横軸に基づいています。こうした知見はたいへん重要で有用なものではありますが、短期療法で重要なのは縦軸です。すなわち、それが「有効なのか」、「無効なのか」、「逆効果なのか」という視点です。もしそれが有効ならばdo moreです。無効であればdo something differentです。逆効果であればStopです。Stopするためにはdo something differentが必要です。例えば、不眠症のクライエントが自ら「今度は少しはやめに床につきたいと思います」と語ったとします。

この語りは睡眠研究に関するエビデンスから見ると、有効ではないと考えます。つまり、眠くなるまで床につかないように心理教育するのが通常です。しかしながら、クライエント自身が考えて、試みてみようとするならば、それを許し、観察してみるようにしてもよいでしょう。短期療法では、縦軸である有効－無効－逆効果を知ることが重要だからです。したがって、次回の面接で、それで眠ることができたのかを確かめればよいのです。クライエントが「眠れた」と言えばそのやり方を思いついたことをコンプリメントして、do moreです。横軸から見ると「間違い」かもしれませんが、縦軸から見れば「有効」だからです。これが臨床のプラグマティズムであり、短期療法のシンプルな考え方であり、方法です。

もう一つ最後に加えたいことがあります。私は以前、短期療法の新陰流モデルとして次のことを提案しました（若島 二〇一一）。（1）拡張された例外概念として輝く側面と述べた特性や行動に対してdo moreする。（2）問題自体をリフレーミング（輝く側面に変換）し、そこで行われていることをdo moreする。これらは、短期療法を実践する上で陥りやすいことを排除するために、提案したものです。（1）は例外探しが困難な場合の躓きを解消してくれることでしょう。（2）はMRIにおける逆説介入（パラドックス・アプローチ）をわかりやすく、言い換えたものです。

短期療法を実践しはじめると、「どう介入しよう」、「どういう介入課題を提示しようか」などと、セラピストが変化に対して、拙速になりがちだからです。新陰流モデルを理解し、アンコントロールを含むコントロールを短期療法の武器にしておくことが必要です。同様に、スリー・ステップス・

モデルのファースト・ステップはそれを強調しています。スリー・ステップス・モデルのファースト・ステップは、カール・ロジャーズ（Carl Rogers）に見るパラドックスと言ってもよいでしょう。こうしたことを踏まえて、短期療法を実践していきたいものです。

あとがき

前書『よくわかる！　短期療法ガイドブック』は二〇〇〇年に出版されました。二〇一七年初めに本書・新版に関する依頼を出版社から受けました。

前書は、私が当時二〇代で長谷川啓三先生とともに、最初に書いた短期療法の本であり、あまりにも思い入れがあり、また、私の視点ではそれなりに完成度の高い本であるため、どのように加筆や修正をするのかというのは大きな問題となり、しばらく手を付けずにそのままにしていました。

しばらくして、悩んだ末に、第一章の出だし部分の修正と第七章を追加するという形を取ることにしました。第一章の出だし部分には、ミルトン・エリクソンに関する記述を入れることにしました。前書では、ミルトン・エリクソンに関する記述が少ないと感じていたので、この加筆は、短期療法の全体像を知る上でたいへん意義のあるものとなることでしょう。

一九九四年四月からＩＴＣ家族心理研究センターにてトレーニーとして短期療法を開始し、二〇一八年五月現在で二四年を経たことになります。短期療法に対する関心と熱意がこんなにも長く続いているとは恐るべきことです。ちなみにこれだけ長く関心と熱意が続いているのは犬と短期療法だけです。そして今では短期療法を実践することは、私にとって呼吸をしたり、歩いたりすることと同じように、とても自然で、普遍的なことになっています。

二〇〇八年四月に、私は立正大学心理学部から東北大学大学院教育学研究科に教員として戻り、そしてわずか三年後の二〇一一年三月一一日に東日本大震災が起こったのです。長谷川先生の研究室とともに、私の研究室のメンバーは被災者支援に関する膨大な仕事をしました。振り返ると本当に膨大な仕事です。その中でも、各部門の責任者として活動した狐塚貴博、野口修司、板倉憲政という現在では大学教員となっている先生方は短期療法の未来を担う人材として、真の短期療法家として成長しました。もちろん私も大きく成長しました。身長で言えば二センチは伸びました。第七章は二〇一一年以降に東日本大震災における被災者支援の中で、彼らとともに歩んできた道であり、その成果における短期療法の展開と言うことができます。

そして本書は、たくさんの先生方による成果であることを私は述べておかなくてはなりません。ITC家族心理研究センターの児玉真澄先生、牛田洋一先生、水谷久康先生をはじめ、短期療法を学ぶ会の設立者である小野直広先生、東北大学大学院教育学研究科長谷川研究室のOG・OBの皆様、近年では、日本ブリーフセラピー協会本部研究員制度トレーナーの佐藤克彦先生など、多くの先生方とともに発展し、体系化されたものであり、個人的な成果では決してないことをここで改めて述べておきたいと思います。しかもその発展や体系化はよりシンプルな形であることに、第七章を書いてみて、驚きを覚えます。そして、東北大学では、短期療法に寄与する研究を今も遂行中であり、本書に収められていないトピックがあります。そのいくつかを挙げるとすれば、脳の統合情報理論を夫婦や家族システムに応用する試みや、「ある問題」と「ない問題」の哲学的研究などです。前者は夫婦や親子間、あるいは上司と部下間の考えや行動の違いを利点に変換するアプローチを生み出すことが期待される研究です。後者は、問題の定義の仕方により、未解決問題になったり、解決可能な問題となったりすることを哲学的に論証しようとするものです。この他にもさまざまなトピックが研究され続けています。日々、短期療法は進化し続けるでしょう。

さて、読者の皆様が短期療法をさらに学びたいとき、日本ブリーフセラピー協会はその役割を担うことができるでしょう。日本ブリーフセラピー協会は、日本全国にその支部を有しています。各支部は短期療法の研究・研修を独自に日々行っています。私自身は仙台支部に所属しています。また、本部研究員制度チーフトレーナーとして、研究員のための研究・研修を行っています。ぜひご参加していただけたらと思います。短期療法がクライエント・ファーストのやさしいセラピーであることを伝えるために。

最後になりますが、本書・新版の出版にあたり、多くの労を費やして下さいました金剛出版編集部の梅田光恵様にこころより深くお礼申し上げます。

若島孔文

引用文献

第1章

Bateson, G. & Bateson, M.C.（1987）Angels fear : Towards an epistemology of the sacred. New York : John Brockman Associates Inc.（星川淳訳（1992）天使のおそれ——聖なるもののエピステモロジー，青土社.）

Erickson, M.H.（1954）Special techniques of brief hypnotherapy. Journal of Clinical and Experimental Hypnosis, 2, 109-129.

Watzlawick, P., Beavin, J., & Jackson, D.D.（1967）Pragmatics of Human Communication : A study of interactional patterns, pathologies, and paradoxes. New York : W.W.Norton & Company.（山本和郎監訳（1998）人間コミュニケーションの語用論——相互作用パターン，病理とパラドックスの研究．二瓶社.）

第2章

Bateson, G.（1972）Steps to an ecology of mind. New York : Ballantine Books.

George, F.H.（1962）The brain as a computer. Oxford : Pergamon Press Ltd.

長谷川啓三（1987）家族内パラドックス．彩古書房.

長谷川啓三（1991）構成主義とことば，短期療法の関係.（長谷川啓三（編）現代のエスプリ 287「構成主義」，至文堂，pp.5-16.）

長谷川啓三（1993）治療言語の視点から．家族心理学年報11，78-89.

佐藤良明（1993）イルカを知ること，僕らを知ること——ベイトソン的探求. Imago 4-8, 128-147.

Scheflen, A. & Scheflen, A.E.（1972）Body Language and Social Order. Spectram Book.

若島孔文（1998）コミュニケーション理論における“拘束（bind）”の再考. ブリーフサイコセラピー研究7，40-50.

若島孔文（1999）葛藤的会話場面における「回避的コミュニケーション」の生起のメカニズムに関する研究——ディスクオリフィケーションが生起する状況の解明に向けて．東北大学教育学部平成11年度博士論文.

若島孔文・生田倫子・長谷川啓三（1999）葛藤的会話場面における脱文脈コ

ミュニケーションの研究——問題－相互作用モデルの確証とその修正．家族療法研究 16, 187-195.
Watzlawick, P., Beavin, J., & Jackson, D.D.（1967）Pragmatics of Human Communication : A study of interactional patterns, pathologies, and paradoxes. New York : W.W.Norton & Company.（山本和郎監訳（1998）人間コミュニケーションの語用論——相互作用パターン，病理とパラドックスの研究．二瓶社.）
Weakland, J.H.（1967）Communication and behavior : An introduction. American Behavioral Scientist 10, 1-4.

第３章

Dejong, P. & Berg, I.K.（1998）Interviewing for solutions. Brooks / Cole Publishing Company, a division of International Thomson Publishing Inc.（玉真慎子・住谷祐子監訳（1998）解決のための面接技法——ソリューション・フォーカスト・アプローチの手引き．金剛出版.）
de Shazer, S.（1985）Keys to solution in brief therapy. New York : W.W.Norton & Company.（小野直広訳（1994）短期療法 解決の鍵，誠信書房.）
de Shazer, S.（1991）Putting difference to work. New York : W.W. Norton & Company.（小森康永訳（1994）ブリーフ・セラピーを読む．金剛出版.）
de Shazer, S.（1994）Words were originally magic. New York : W.W. Norton.（長谷川啓三監訳（2000）解決志向の言語学——言葉はもともと魔法だった．法政大学出版局.）
Festinger, L.（1957）A theory of cognitive dissonance. Stanford : Stanford Univ. Press.
長谷川啓三（1987）家族内パラドックス．彩古書房.
長谷川啓三（1998）解決志向短期療法.（大塚義孝（編）現代のエスプリ別冊「心理面接プラクティス」至文堂, pp.155-163.）
森田正馬（1960）神経質の本態と療法——精神生活の開眼．白揚社.
佐藤悦子（1993）現代家族とコミュニケーション．家族心理学年報, 11 3-19.
下村陽一（1993）家族システムの変容に果たすコミュニケーションの役割——「セカンド・サイバネティクス」に基づく一考察．家族心理学年報, 11, 150-165.
若島孔文・杉本是明・渡部敦子・佐藤宏平・生田倫子・長谷川啓三（2000）心療内科領域における短期療法の適用——「表裏のアプローチ」について．心療内科 4, 76-81.

Weakland, J.H. (1992)「ジョン・ウィークランド　MRIアプローチの実際　ビデオテープ全2巻」（連絡／ITC家族心理研究センター事務局（0562）48-8567，児玉クリニック内）

第4章

阿瀬川考治（1999）分裂病とブリーフセラピー（宮田敬一（編）（1999）医療におけるブリーフセラピー．金剛出版, pp.144-159.）
Dunlap, K.（1928）Arvision of the fundamental law of habits. Science, 57, 128-137.
国谷信朗（1998）ナラティブ・セラピィの技法的側面――構築分解的傾聴と問題の外在化を中心として．家族心理学年報, 16, 189-204.
中尾圭樹・若島孔文（1997）電話相談における短期療法的介入の有効性．日本カウンセリング学会第30回大会発表論文集.
小野直広（1995）こころの相談．日総研出版.
Tomm, K.（1987a）Interventive Interviewing : PartI. Strategizing as a fourth guideline for the therapist. Family Process 26, 3-13.
Tomm, K.（1987b）Interventive Interviewing : PartII. Reflexive questioning as a means to enable self-healing. Family Process 26, 167-183.
Tomm, K.（1988）Interventive Interviewing : PartIII. Intending to ask lineal, circular, strategic, or reflexive questions? Family Process 27, 1-15.
遊佐安一郎（1984）家族療法入門――システムズ・アプローチの理論と実際. 星和書店.

第5章

長谷川啓三（1998）解決志向短期療法.（大塚義孝（編）現代のエスプリ別冊「心理面接プラクティス」至文堂, pp.155-163.）
土屋堅二（1997）われ笑う，ゆえにわれあり．文春文庫.

第6章

Anderson, H., Goolishian, H., & Winderman, L.（1986）Problem determined systems : Towards transformation in family therapy. Journal of Strategic and System Therapies 5, 1-14.
Bavelas, J.B., Chovil, N., Lawrie, D.A., & Wade, A. (1992) Interactive gestures. Discourse Processes 15, 169-189.
ド・シェイザー & BFTCチーム，長谷川啓三解説・訳（1987）短期療法――

解決の構成主義．家族心理学年報 5, 259-285.
de Shazer, S.（1994）Words were originally magic. New York : W.W. Norton.（長谷川啓三監訳（2000）解決志向の言語学――言葉はもともと魔法だった．法政大学出版局.）
ジェンドリン, E.T. & 池見陽（池見陽・村瀬孝雄訳）（1999）セラピープロセスの小さな一歩――フォーカシングからの人間理解．金剛出版.
Haley, J.(1976) Problem-solving therapy. Jossey-Bass, Inc.(佐藤悦子訳(1985) 家族療法――問題解決の戦略と実際．川島書店.)
長谷川啓三（1998）家族療法と治療言語――コミュニケーションのマネジメント側面について．家族療法研究 15, 175-179.
長谷川啓三（1999）家族内コミュニケーション――その病理と援助．教育と医学 47-4, 293-301.
Hasegawa, K., Kodama, M., & Ushida, Y.（1996）Interactional gestures. MRI International Conference in Vienna. Manuscript.
長谷川啓三・児玉真澄・牛田洋一・若島孔文（1996）インタラクティブ・ジェスチャーズ．家族心理学年報 14, 233-245.
Hoffman, L.（1993）Exchanging voices. London : Karnac Books.
亀口憲治（1995）カオス時代の家族療法．発達 64, 43-50.
神尾昭雄（1990a）情報のなわ張り理論．言語 19-4, 44-51.
神尾昭雄（1990b）情報のなわ張り理論――言語の機能的分析．大修館書店.
MacDonald, C.（1997）Solution focused therapy. Department of Psychology, University of Victoria, unpublished.
Minuchin, S., Rosman, B.L., & Baker, L.（1978）Psychosomatic families : Anorexia nervosa in context. Harvard University Press.(福田俊一監訳(1987) 思春期やせ症の家族――心身症の家族療法．星和書店.)
Ushida, Y., Hasegawa, K., & Kodama, M.（1995）"One vs. many" ――Pre-modern techniques on family resistance : From the film analysis of pre-modern martial arts. The Second International Congress of Family Psychology in Padova.
若島孔文（1999）葛藤的会話場面における「回避的コミュニケーション」の生起のメカニズムに関する研究――ディスクオリフィケーションが生起する状況の解明に向けて．東北大学教育学部平成11年度博士論文.
若島孔文（2000）脱文脈コミュニケーションの生起を予測する問題――相互作用モデルの確証――MRIコミュニケーション理論の視点から．学校カウンセリング研究 3, 9-18.

若島孔文・生田倫子・長谷川啓三（1999）葛藤的会話場面における脱文脈コミュニケーションの研究――問題－相互作用モデルの確証とその修正．家族療法研究 16, 187-195.

第7章

Asay, T.P. & Lambert, M.J.（1999）The empirical case for the common factors in therapy : Quantitive findings. In M. Hubble, B.L. Duncan & S.D. Miller（eds.）, The heart and soul of change : What works in therapy. Washinton, D.C. : American Psychological Association, pp.33-55.
De Shazer, S. & BFTC Team (1986) Brief Therapy : Focused solution development. Family Process, 25, 207-222.（長谷川啓三訳（1987）短期療法――解決の構成主義――家族心理学年報, 5, 259-285.）
長谷川啓三・若島孔文（編）（2013）震災心理社会支援ガイドブック――東日本大震災における現地基幹大学を中心にした実践から学ぶ．金子書房．
長谷川啓三・若島孔文（編）（2015）大震災からのこころの回復――リサーチ・シックスとPTG．新曜社．
倉石哲也（2009）第9章第2節　緊急支援者への援助――グループ・ディブリーフィングの効用と限界（杉村省吾・本多修・冨永良喜・高橋哲編）トラウマとPTSDの心理的援助――心の傷によりそって．金剛出版，pp.257-266.
神村栄一（2011）エクスポージャー療法（日本心理臨床学会編）心理臨床学事典．丸善出版，pp.48-49.
Kobayashi, D., Takagi, G., & Wakashima, K.（2016）Approach to a stomachache: The case of teenager was diagnosed with irritable bowel syndrome. International Journal of Brief Therapy and Family Science, 6（1）, 11-20.
佐藤克彦（2017）ワークショップ：行き詰ったときのブリーフセラピー　指定討論．日本ブリーフセラピー協会 第9回学術会議プログラム抄録集，p7.
若島孔文（2011）ブリーフセラピー講義――太陽の法則が照らすクライアントの「輝く側面」．金剛出版．
若島孔文・野口修司・狐塚貴博・吉田克彦（2012）ブリーフセラピーに基づくスリー・ステップス・モデルの提案．Interactional Mind V (2012), 73-79.

◆著者略歴

若島　孔文――わかしま　こうぶん

二〇〇〇年東北大学大学院教育学研究科博士課程修了、博士（教育学）、臨床心理士、家族心理士、ブリーフセラピスト（シニア）

現在、東北大学大学院教育学研究科教授、日本ブリーフセラピー協会研究員制度チーフトレーナー、『International Journal of Brief Therapy and Family Science』編集委員長、International Academy of Family Psychology（国際家族心理学会）副学会長、日本家族心理学会常任理事、日本カウンセリング学会『カウンセリング研究』編集委員、日本心理臨床学会代議員、海上保安庁第二管区・第三管区心の健康対策委員、仙台市教育委員会学校生活支援巡回相談員他。

著書　『家族療法プロフェッショナル・セミナー』（金子書房）、『ブリーフセラピー講義――太陽の法則が照らすクライアントの「輝く側面」』（金剛出版）、『解決の物語から学ぶブリーフセラピーのエッセンス――ケース・フォーミュレーションとしての物語』（遠見書房、共編）など多数。

長谷川　啓三――はせがわ　けいぞう

一九七九年東北大学大学院博士課程修了、一九八三年教育学博士、臨床心理士

現在、東北大学名誉教授（臨床心理学）、日本家族心理学会理事、Mental Research Institute日本代表、日本ブリーフセラピー協会代表、日本家族カウンセリング協会理事長。

著書　『ソリューションバンク――ブリーフセラピーの哲学と新展開』（金子書房）、『変化の原理――問題の形成と解決』（法政大学出版局、訳）、『解決志向ブリーフセラピーハンドブック――エビデンスに基づく研究と実践』（金剛出版、共編訳）、『解決志向の言語学――言葉はもともと魔法だった』（法政大学出版会、監訳）、『難事例のブリーフセラピー』（金子書房、監訳）、『大震災からのこころの回復――リサーチ・シックスとＰＴＧ』（新曜社、共編著）など。

新版《しんぱん》 よくわかる！ 短《たん》期《き》療法《りょうほう》ガイドブック

２０００年５月20日　初版第１刷発行
２０１８年８月10日　新版第１刷発行
２０２２年２月10日　新版第２刷発行

著者――若島孔文
長谷川啓三

発行者――立石正信
発行所――株式会社 金剛出版
〒１１２-０００５
東京都文京区水道１-５-16
電話 ０３-３８１５-６６６１
振替 ００１２０-６-３４８４８

装丁◉臼井新太郎
装画◉中井絵津子
組版◉石倉康次
印刷・製本◉三報社印刷

ISBN978-4-7724-1634-4 C3011